"十三五"国家重点出版物出版规划项目

新汉译世界高等教育名著丛书（第一辑）

丛书总主编　李子江　张斌贤

美国高等教育的发展趋势

［美］威廉·雷尼·哈珀（William Rainey Harper）著

高玲　曹春平　译　　梁丽　校

浙江教育出版社·杭州

总序

20世纪90年代，浙江教育出版社出版了由王承绪先生主编的“汉译世界高等教育名著丛书”，在学术界产生了重要影响，丛书所收录的著作至今依然是高等教育学等相关学科学习和研究必备的学术文献。本世纪以来，多家出版社相继推出了多种高等教育著作译丛，例如“京师高等教育译丛”（北京师范大学出版社）、“国际高等教育译丛”（中国海洋大学出版社）、“世界高等教育研究名著译丛”（教育科学出版社）、“美国研究型大学探索译丛”（河北大学出版社）、“高等教育与全球化丛书”和“北大高等教育文库·大学之道丛书”（北京大学出版社）等。一些教育著作译丛虽然并非以高等教育为主要内容，但也包含了部分高等教育的译著，例如“影响力教育理论译丛”（华东师范大学出版社）、“非洲教育译丛”（浙江大学出版社）等。

国外高等教育著作的译介不仅满足了我国高等教育决策者、管理者以及公众了解其他国家和地区高等教育发展历史与现状的需要，而且有力促进了我国学者对高等教育的研究。只要将20世纪90年代高等教育研究状况与当下进行粗略对照，就可以清楚地看到我国20多年来高等教育研究的长足发展。这其中固然有诸多原因，但不可否认的是，广泛和充分吸收其他国家高等教育研究成果是一个非常关键的因素。同样不可否认的是，大量高等教育译著在其中发挥了不可替代的重要作用。

众所周知，中国现代高等教育机构和高等教育制度的建立是西学东渐的产物，迄今已逾百年。但是，由于种种原因，我国高等教育真正稳定发展的时间不过数十年。对于高等教育这样复杂的事业而言，几十年的经历实在是过于短暂了，而基于这些有限经验形成的认识则更具局限性。在当代社会急速变革的条件下，高等教育发展及其与社会的关系日趋复杂，如何合理认识高等教育的内在本质与职能，如何科学把握高等教育发展的方向，如何妥善处理高等教育内外部各种关系，更需要非同寻常的智慧、远见和胆识。而要拥有这一切，学习借鉴其他国家的实践经验，尤其是主导这些实践的思想观念，是必不可少的重要环节。

从更大的方面说，高等教育机构自建立之日起，就与文化传播、交流结下了“不解之缘”。不同文化教育之间的交流、相互影响始终是推动高等教育发展的重要动力。古希腊的学园对古代东方高等教育机构的借鉴，古罗马对希腊文明的吸纳，文艺复兴后欧洲各国在学术研究等方面的相互影响，尤其是近代以来，文化、学术、教育的交流在促进不同国家高等教育改革发展中的作用日益广泛、显著和重要。在一定意义上，一段高等教育的历史，同时也是不同文化、学术交流不断开展、推进和深化的历史。作为文化教育交流的重要途径，译著始终是这段历史的重要组成部分。

为适应我国高等教育改革发展的新形势，进一步丰富我国的高等教育研究，浙江教育出版社决定在已有基础上继续推进国外高等教育名著的译介，出版“新汉译世界高等教育名著丛书”。

从书将按专题分辑出版。

丛书第一辑收录美国十二位著名大学校长的主要教育著作。他们是：哈佛大学校长埃利奥特（1869—1909年，任职期间，下同）和洛厄尔（1909—1933）、耶鲁大学校长波特（1871—1886）、密歇根大学校长塔潘（1852—1863）、约翰斯·霍普金斯大学校长吉尔曼（1875—1902）、哥伦比亚大学校长巴纳德（1864—1889）和巴特勒（1902—1945）、布朗大学校长威兰德（1826—1855）、芝加哥大学校长哈珀（1891—1906）、斯坦福大学校长乔丹（1891—1913）、克拉克大学校长霍尔（1888—1920）、纽约大学校长布朗（1911—1932，1906—1911年曾任美国联邦教育署署长）。

19世纪后期至20世纪前期是美国高等教育发展的关键时期。在这个时期，美国高等教育实现了从传统学院向现代大学的转变，完成了以学术职业化为核心的“学术革命”，建立了较为完整的高等教育制度，从而开创了“美国教育史的新纪元”。[①]

在这个前所未有的重大变革过程中，一个非常独特的现象是，在一个不太长的时期内集中出现了一批著名的大学校长。他们之所以著名，并非仅仅因为他们任职于著名的大学（事实上，在那个时期，至少与欧洲的古老大学相比，美国大学大多并不“著名”），而在于他们高瞻远瞩、审时度势，在于他们富有管理智慧和教育素养，更为重要的是在于他们有着高尚的人格、坚定的信念和远大的志向。正是在这些校长的努力下，哈佛大学等原本较为知名的大学“旧邦新命”，焕然一新；一些原本不知名的大学从平庸走向卓越，成为世界著名学府，美国由此开始成为世

① 劳伦斯·维塞. 美国现代大学的崛起[M]. 栾鸾，译. 北京：北京大学出版社，2011：1.

界高等教育强国。罗杰·盖格称这些校长为“巨人校长”，他们开创了美国高等教育史上独一无二的“巨人校长时代”。①

迄今为止，除克拉克·科尔、德雷克·博克等少数几位美国著名大学校长的著作之外，国内尚未有对美国大学校长著作的系统译介。“新汉译世界高等教育名著丛书”第一辑收录的这十二位校长的著作集中反映了他们关于高等教育的理解，以及他们的办学理念和管理经验。他们的思想和实践业已成为世界高等教育宝贵的精神财富。系统译介这些著名大学校长的教育著作，呈现优秀大学领导者的理念和实践，有助于了解这些校长的教育思想和治校方略，探讨高等教育发展的内在机制与社会保障机制，为我国高等教育的发展提供经验借鉴。我们相信，本丛书的出版将进一步深化我们对高等教育的认识，帮助我们不断学习借鉴世界一流大学的创建、改革实践经验，为推进我国建设世界一流大学的战略提供历史经验和启示。

在丛书第一辑即将付梓之际，我们由衷地感谢浙江教育出版社的大力支持。正是他们的远见卓识和专注于学术著作出版事业的坚定信念，才会有越来越多的学术经典问世。在现行科研评价体制下，学术著作的翻译得不到应有重视，从事翻译主要是出于译者对学术事业的热爱和追求，我们对参与丛书翻译、校对工作的各位同仁表示崇高的敬意。

李子江　张斌贤

2019年12月

---

① 约翰·塞林. 美国高等教育史（第二版）[M]. 孙益，等，译. 北京：北京大学出版社，2014：120.

译者序

威廉·雷尼·哈珀（William Rainey Harper，1856—1906）是美国19世纪末20世纪初著名的教育家和学术领袖。约翰·克里夫顿（John Leroy Clifton）在《美国著名的十位教育家》中叙述了十位在公共教育方面做出卓越贡献的教育家，哈珀便是其中的一位。

哈珀于1856年7月24日出生在美国俄亥俄州的新康科德（New Concord, Ohio），承袭了父母的爱尔兰和苏格兰血统。他自幼就被誉为“神童”。8岁时，哈珀便开始学习预备学院层次的课程。10岁时他进入新康科德的马斯金格姆学院（Muskingum College）学习语言和音乐，并在14岁毕业时获得了语言学和音乐双学位。在父亲的店里当了三年文员后，17岁的哈珀选择深造，进入耶鲁大学（Yale University）开启研究生阶段的学习。在过19岁生日之前，哈珀便获得了语言学的哲学博士学位。

1875年，在研究生学习期间，哈珀与艾拉·保罗（Ella Paul）结为夫妻。他们育有四个子女。婚后，他便担任位于田纳西州梅肯县（Macon, Tennessee）的共济会学院（Masonic College）的院长。次年，哈珀迁往俄亥俄州格兰维尔（Granville, Ohio），担任顶尖文理学院之一丹尼森大学（Denison University）预备部的导师。不久后，该预备部改组为格兰维尔文实中学（Granville Academy）①，哈珀担任校长一职。

在求学和任职期间，他逐渐对宗教产生了浓厚的兴趣，并加入了浸礼会，而非皈依其父亲信仰的长老会。浸礼会的经历在他后来的职业生涯中产生了重要的影响。1878年，哈珀来到老芝加哥大学（Old University of Chicago）担任希伯来神学教授，从此与芝加哥大学（The University of Chicago）结下了不解之缘。老芝加哥大学于1857年由政治家史蒂芬·道格拉斯（Stephen Douglas）创办，是一所浸礼会学院。哈珀在1886年老芝加哥大学关闭之前还被短暂地任命为校长。

老芝加哥大学关闭后，哈珀前往耶鲁大学研究生院担任闪族语教授，并同时在神学院担任讲师，讲授希伯来语、亚述语、阿拉伯语、阿拉姆语和叙利亚语。在教学研究之余，哈珀还负责管理几所暑期学校、一所函授学校、几份杂志和一间印刷室。之后不久，哈珀又拓展自己的事业，开始向公众提供有关《圣经》的讲座课程，并由此找到了一种阐述《圣经》起源的新途径。此

① 文实中学（academy）是17世纪中期至19世纪流行于英美的一种中等学校的类型。将古典课程与现代实用学科相结合，以实行一种完美而普通的教育。分中、高两级。在美国，富兰克林在费城首创文实学校，自18世纪中叶至19世纪中叶，成为美国普通中等学校的主要类型。19世纪中期前后大多成为大学的预备性质学校。后渐为公立中学所替代。——编者注

外，他还参与纽约市文化讲习所（chautauqua）[①]的活动，推广普及美国的文化。可见，在担任芝加哥大学校长之前，哈珀便已是一位卓越的学者，对学术具有真知灼见，而他在管理、教育理论方面的才华也在他担任芝加哥大学校长后逐渐彰显出来。

1890年7月9日，芝加哥大学的董事齐聚一堂，召开第一次董事就职会议，并起草了大学法人条例。这些创建者起草的会议文件在很大程度上反映出他们所希冀的大学应具有的特征：（1）致力于开展严格的学术训练项目；（2）追求平等的原则，高等教育的所有院系部门向男性、女性同时开放。1890年9月10日，伊利诺伊州正式发布大学官方法人证书，芝加哥大学正式成立。芝加哥大学之所以能东山再起，在很大程度上是得益于马歇尔·菲尔德（Marshall Field）捐赠的办校土地和石油大亨约翰·洛克菲勒（John D. Rockefeller）与美国浸礼会教育协会（American Baptist Education Society）捐赠的60万美元资金。同时，许多老芝加哥大学的校友也捐资出力，希望恢复浸礼会在芝加哥的高等教育事业。

1891年，年仅35岁的哈珀被选中协助建立芝加哥大学，随后被推举为芝加哥大学的第一任校长。哈珀充满激情地监管着大学的运行，不论是在教授的聘用、学校建筑和校园的规划建设，还是在学位服设计、学术等级晋升等方面，都显示出极大的热情。他被人们称为“争分夺秒的年轻人”，一时间成为芝加哥市

① 或称为“肖托夸”，是19世纪末期至20世纪早期在美国非常流行的成人教育运动（同时也指其集会教育形式）。在20世纪20年代中期以前，肖托夸集会在美国农业地区广泛开展。肖托夸为社区提供娱乐与文化教育，与会成员包括了当时的演说家、教师、音乐家、艺人、牧师和其他各方面专家。但这一运动随着广播、电视、电影等媒介的崛起而逐渐消亡。——编者注

的英雄式人物。这一时期，美国新型大学也不断地涌现，哈珀作为新型大学校长的代表，获得了“大学建构者”的美名。这些新型大学的校长不仅有效地对大学进行了现代化组织改革，还善于处理公共关系以及与当地社会的关系，这使得他们成为了一群耀眼的人物。

从1891至1906年，哈珀在芝加哥大学担任了15年校长，使名不见经传的芝加哥大学逐渐发展成世界名校。哈珀希望将芝加哥大学建成一所现代大学，既有英国传统的本科生学院，又兼具德国培养研究生的研究性机构。他熟悉每个教育部门，且具有生意头脑，能感染听众，推广宣传芝加哥大学。他在雇用教职工和招收学生上都制定了较高的标准。在聘用教职工方面，他不吝重金广纳人才，如克拉克大学（Clark University）的查尔斯·惠特曼（Charles O. Whitman）受聘担任生物系主任，约翰·杜威（John Dewey）应邀担任哲学、心理学和教育学系主任等。同时，众多才华横溢的学生也慕名来芝加哥大学求学。一时间，芝加哥大学吸引了大量的顶尖学术人才，他们之间的思想碰撞、跨领域合作等极大地推动了芝加哥大学的发展壮大，使其在短短数十年间一跃成为世界最顶级的大学之一，堪与比其早建校250年的哈佛大学相媲美。

哈珀为芝加哥大学引入机会均等的理念，使女性在本科生教育和研究生教育上，享有和男性一样的机会。同时，尽管最初的本意是创办一所浸礼会大学，但哈珀却从不局限于宗教的限制，而是不断地致力于创造非宗教的学校氛围。从创办之初，就不断有加拿大、南非、西欧和亚洲等地区的学生前来注册入学。此外，芝加哥大学实行开放的入学政策，没有其他诸多大学实施的配额或招生政策上的限制，吸引了众多犹太裔、非裔等族裔的学生前来求学。

哈珀在芝加哥大学实现了多个创举，如创建美国大学的第一个社会学系和第一个古埃及学系，创立鼎鼎有名的芝加哥大学出版社（The University of Chicago Press），推行“一学年三学期”制度，将宗教学习纳入大学课程项目，并将浸礼会联合会神学院（Baptist Theological Union Seminary）进行重新安置，将其建成芝加哥大学的神学院。

在担任芝加哥大学校长期间，哈珀还于1896年帮助布拉德利（Lydia Moss Bradley）在伊利诺伊州的佩奥里（Peoria, Illinois）建立起布拉德利理工学院（Bradley Polytechnic Institute）[①]，并兼任该校的第一任校长。哈珀还于1903年建立了宗教教育协会（Religious Education Association），推动建立了全美第一所继续教育学校（extension school），使那些白天工作的人可以在下班后或周末在此读夜校或上课。哈珀希望未能接受大学教育的人能在家乡攻读前两年的学院课程，这使美国社区学院得以发展成型，并奠定了后来美国社区大学体系的基础。此外，他还担任市长委员会的主席，主动参与芝加哥公立学校改革，负责芝加哥公立学校的重组，将学校课程制度化。他也曾因与他人在雇用教师问题上产生争端，陷入过备受争议的境地。

一方面，他尽职尽责地推动芝加哥大学发展壮大；另一方面，他也担心芝加哥大学庞大丰富的资源吸收过多品质良好的学生，会给其他较小的学院带来负面影响。因此，他尝试和得梅因学院（Des Moines College）、卡拉马祖学院（Kalamazoo College）、巴特勒学院（Butler College）、斯泰森大学（Stetson University）

① 后来更名为布拉德利大学（Bradley University）。

等几所地方性学院或大学合作，建立附属项目，以期带动这几所高等院校的发展。他在附属项目条约中做了如下要求：各个学院开办一些可以与芝加哥大学相比拟的科目；提前告知芝加哥大学其教职工任命或解雇的情况；未经芝加哥大学同意，不得任命教职工；未征求芝加哥大学建议，不得发放考卷。这些附属学校的毕业生，如果在四年中获得全A的成绩或在芝加哥大学额外学习12周，则可以获得芝加哥大学颁发的学历证书；附属学校的师生若前往芝加哥大学学习或进修，可以免缴学费；芝加哥大学的学生也可以基于同样的条约去这些附属学校上课并获得学分；芝加哥大学有偿向附属学校提供书本、科学仪器，无偿向附属学校提供专任教师和讲师，无偿向附属学校图书馆提供芝加哥大学出版社印制的著作、期刊。鉴于附属项目需要芝加哥大学的教授们付出额外的精力，而且有可能会拉低芝加哥大学的学术声誉，有很多教授反对这个项目。因此1906年哈珀去世后，该项目规模便逐渐缩小，并于几年后终止。

1906年1月10日，哈珀因癌症去世，葬于芝加哥大学校园内的洛克菲勒纪念教堂（Rockefeller Memorial Chapel）。他去世后，伊利诺伊州在帕拉蒂尼（Palatine, Illinois）建立了威廉·雷尼·哈珀社区学院（William Rainey Harper College），在芝加哥建立了哈珀中学（Harper High School）和哈珀大道（Harper Avenue），用这些方式纪念他在教育和社会领域做出的巨大贡献。

哈珀在学术生涯中笔耕不辍。他不仅参与编写了众多教科书，如《希伯来语学习方法入门和手册》（*Introductory Hebrew Method and Manual*, 1886）、《希腊语方法入门》（*An Inductive Greek Method*, 1888）以及《希腊语入门读本》（*An Inductive Greek Primer*, 1893），还编写了《青年图书馆：传记中的领军人物和历史》（*Young Folks Library: Leaders of Men or History Told in Biography*, 1891），并撰写了《恺撒高卢战争的八本书》（*Eight Books of Caesar's Gallic War*, 1891）、《色诺芬的远征七本书》（*Xenophon's Anabasis Seven Books*, 1893）、《宗教与更高远的生活》（*Religion and the Higher Life*, 1904）、《〈旧约〉中的先知性因素：对〈圣经〉前沿课上历史研究的帮助》（*The Prophetic Element in the Old Testament: An Aid to Historical Study for Use in Advanced Bible Classes*, 1905）、《关于阿摩司书和何西阿书的批判和训诂》（*A Critical and Exegetical Commentary on Amos and Hosea*, 1905）等多部著作。

《美国高等教育的发展趋势》（*The Trend in Higher Education*）这本书是哈珀担任芝加哥大学校长期间所做演讲的合集，也是他多年来耕耘于高等教育的心血结晶，堪称他最重要的一部高等教育专著。书中涉及的内容广泛，既探讨了美国东、西部高等教育的发展趋势及存在的问题，也对学校的管理、小型学院的发展进行了讨论。可以说，这本书是一部对美国20世纪初高等教育发展问题的前沿性思考。当前美国高等教育在诸多方面仍然践行着哈珀的思考、预测和倡导的教育理念。对照一百多年后的高等教育发展现实来看，这本书亦不显过时。这也在很大程度上反映出哈珀所秉持的教育理念具有强大的生命力。

对于希望全面了解或研究20世纪初美国高等教育的读者来说，《美国高等教育的发展趋势》无疑是一部较好的入门读物。哈珀深信，大学作为“维护者”“圣人”“先知”和“高级传道士”，有责任将真理传播到尽可能广的区域。

本书第1至13章由天津大学讲师高玲翻译，第14至23章由扬州大学讲师曹春平翻译，部分章节有所删减。最后由高玲负责全书的统稿和校订。感谢杭州电子科技大学田京博士的通篇阅读及提出的修改建议。当然，由于我们水平有限，文中难免有错误、不妥之处，望方家能予以斧正。

高　玲

致

两位筹办芝加哥大学期间的合作伙伴

弗兰克·佛洛斯特·阿博特（Frank Frost Abbott）

哈里·普拉特·贾德森（Harry Pratt Judson）

以及与芝加哥大学休戚与共的第一个系主任

威廉·加德纳·黑尔（William Gardner Hale）

序

毋庸置疑，当前高等教育的发展存在着一定的趋势。指出当前高等教育发展存在的明显特征并不难，难的是清晰地阐释这些特征蕴含的哲学理念。实际上，仅仅阐释当前高等教育的发展特征并非长久之计。我们同时还要研究不同时期高等教育发展所呈现的特征，以及各个特征的意义。

若要提及本书所收录文章的共同目的，那便是试图指出当前高等教育的一些发展趋势。文中并未囊括高等教育发展的全部特征，我也不打算穷尽这些特征，因为这个领域是无穷的。这项工作今后也许还会进行。本书只是尝试记录各处的观察所得，希冀能在预测高等教育这一宏伟事业的发展趋势上有所贡献。

即便不阐释高等教育发展特征的意义，我们也可以清晰地看到所有特征都具有一个共性，即高等教育的发展日趋民主化。通过比较当今和过去一两个世纪的发展情况就可以看到巨大差异，甚至于我们很难从发展演化的角度去解释它们。乍一看，人们可能会以为高等教育已发生了彻底的革命性变化，但深入研究后则会认识到如今的每个变化都是一步一步发展而来的，且会继续一步一步稳定地发展变化下去。我们也难以想象这种发展前进的步伐停止了的话会产生怎样的后果。当今高等教育所发生的变化是我们50年前未曾想过的，有人可能会严肃地质疑，高等教育发展的步伐是否太快了。当然我们不能奢望高等教育一直能像当前这样快速地发展下去。

我不知道将这些文章合辑成书，是否能对解释当前高等教育发展问题有帮助。之所以将这些文章编辑出版，是因为有人从我当初的演讲中获得了一点益处。此外，将我四处观察所获得的经验记录下来，编辑成册，还可以和其他人的观察、收获进行对比，从而使大家都取得真正意义上的进步。这本书但凡能起到一点作用，它就是值得的。

在此，感谢世纪公司（The Century Company）允许我再版《学院学生中的奢侈之风》一文，感谢哈珀兄弟出版公司（Messrs. Harper & Brothers）允许我使用当初刊发在其《北美评论》等刊物上的《男女合校教育》《大学对商务职业生涯的训练》《西部高等教育的发展状况》与《学院体育运动是否应该受到资助》这四篇文章，感谢柯蒂斯出版公司（The Curtis Publishing Company）授权使用《大学的经济事务》一文，感谢约翰·布里斯本·沃克出版公司（John Brisben Walker）授权使用《大学与民主》一文，感谢世界日报公司（The World To-Day Company）授权使用《中小学教师的薪酬是否较低》和《以牧师为职业的神学院学生为什么越来越少》这两篇文章。

威廉·雷尼·哈珀

1905年2月22日

CONTENTS

目录

一

大学与民主[①]

① 作者于1899年加利福尼亚大学特许状纪念日上所作的演讲，1899年由约翰·布里斯本·沃克出版公司出版。

如果教育和政府保持着联系的话，那么教育的最高目的必然与政府的最高宗旨相关。如果国民的启迪有利于提高国民生活水平，那么通过合理的引导，教育机构这一重要的政府代理机构必然会成为公共生活中一个强有力的因素。当人类缓慢、曲折地向更高的文明前进时，如果他们把一个力量算作盟友，这个力量能逐一解决文明问题，那么人类和这个力量必须在适宜之时具备将二者联结起来的共同兴趣和抱负。一方面，大学是政府的一个部门机构，人民的向导，也是人类发展的盟友；另一方面，民主是人类发展的最高理想，是走上真正国民生活的唯一途径，像璀璨的阳光一样照亮全世界黑暗的角落。

“大学”一词在每个人心中的含义不同。有时“大学”代指“学院”，且恰是如此。因为学院，像大学（我使用的是词典中常用的定义）一样，是“以学习为目的的人组成的社团”。有时“大学”无所不包，有时又毫无所指。不管大学的内涵如何，我们都不能忽视大学发展缘起的特殊环境。

公元6世纪，代表古老、非基督教教育的罗马学校销声匿迹。12世纪，与修道院和大教堂紧密联系、专门致力于教会工作的教会学校发展至顶峰。另外还有三个与大学起源相关的因素，它们至今仍刻画着当今大学的发展特征。早期大学的历史表明，大学是由人组成的行会或社团，在很大程度上是为了自我保护而建。事实上，如今普遍流行于各个阶层、行业的结社精神便源于此。这些社团都是“自发性的联合会”，有的是“在外侨胞联合会”，有的是本地人联合会，还有侨胞和本地人联合会。学生们选出大学校长，并在校长的领导下，从社会上获得普通人所不能享受的特权。大学孕育于民主理念；除非受到国家或教会的干扰，大学自诞生之日起便一直具有民主特征。对于那些看似学生目无法纪、教授擅作主张的事情，我们要从民主精神的角度来看待。这种民主精神孕育了大学，也塑造了每所真正的大学。除大学之外，没有任何其他环境可以让来自不同国度的人自由自在地往来。

第二个因素，是需要确保学生有机会学习到教会学校知识范围以外的内容，尤其是法律和医学，艺术更甚。这在早期大学中便得到了开展，如9世纪，萨莱诺大学就开设了医学专业；此外还体现在一些具备世俗性和宗教特征的大学，如萨莱诺大学，常常聘用受欧洲保守宗教迫害的犹太裔教师，招收犹太裔学生。大学的世俗性常常因教会或教派肆无忌惮的干涉而被遮蔽（如英国大学的发展）。在这种情况下，大学便停止发展，被教会学校取代。这是因为其在很大程度上受到外部力量控制而不能自治，便不能再成为一所大学，或不能维持其大学的身份。例如在意大利，波隆那大学及其成立后相继建立的四所大学均未获教皇或国王颁发特许状。当时，教会和政府似乎都没有意识到这些大学的成立意味着什么。

此外，大学缘起于希冀使用新的教学方法，从而确保表达和思考都更加具有独立性。在教会学校里，学生们没有机会去争论，针对不同的观点、意见也不能进行讨论；教学方法一直很简单，更确切地说，是单调；教师传授自己曾学习过的知识，学生所学的内容几个世纪不变。在受教会控制的学校里，这种教学方式仍然盛行。但在大学孕育阶段，逻辑学研究的复兴推动大学得以引入一种新精神。虽然这种精神在其发展过程中某些形式有点夸张、怪诞，但却避免了死气沉沉、令人窒息的传统教学方式；它在后来几个世纪还使人得以享有言论自由，而言论自由是当今一所真正大学的最为突出的标志。

综上可见，大学诞生的三个标志就是自治、免于教会控制及言论自由。这自然令大学有权宣称自己是一个民有的、孕育于民主精神的机构。

考虑到大学的上述起源，我们或许会好奇大学在经历了十多个世纪的发展后是否发生了本质上的变化。首先，我们需要合理界定术语。当今的大学是什么？在进行一定修改、调整之后，我赞同以下常见定义：大学是一个以学习为目的的自治团体；大学是一个政府给予特权，引领人民的教育机构；大学是一个获得人民认可，解决人类文明发展中的问题的机构。根据这个定义，大学应该满足以下条件：由成人组成社团（因此不包括初等学校、中等学校，以及那些向不同发展阶段的男孩、女孩提供教育的学院）；努力去清晰明确地引导人们解决遇到的问题，并培养出人们信任的各行各业的领军人物；提供学习设备并鼓励人们在物质、精神世界中解决生活与思想方面的重大问题，其唯一的目的是发现真理，不管这种发现会给其他所谓的真理带来什么后果。这需要最伟大的天才，最高等级的设备，不受任何世俗或宗教干涉的绝对自由。

在此有必要提及托马斯·杰斐逊（Thomas Jefferson）对大学职能的理解：

> （1）培养政治家、立法者和法官，因为社会繁荣和个体幸福在很大程度上依靠他们。（2）详细地阐释政府的原则、架构，国家间交往的法律，主要用于约束我们自己政府的法律以及健全立法精神，这一精神由于能消除对个人行为的不必要的限制，将使我们可以自由地做一切不侵犯他人权利的事情。（3）协调和推动农业、制造业与商业发展，靠渊博的

政治经济学知识，为公共产业提供自由的发展环境。(4) 发展青年人的理性，开拓他们的思想，培养他们的道德，并向他们灌输美德与秩序的原则。(5) 用数学和物理科学教育他们，因为这些科学能推动工艺发展，促进人类身体健康、物质丰富、生活舒适。(6) 培养青年人形成反思和自我校正的行为习惯，使他们成为道德的榜样，并获得内在的幸福。

诚然，大学是最高层次的教育领域。这里的“最高层次”也需要界定。大学最重要的职能是为各个活动领域培养领导者和教师。如果大学一方面要开展培养教师这种实践工作，另一方面又要像实验室一样尝试解决重大问题或确保工作更加完善，那么它就要涉及学院、中学和初等学校（含幼儿园）等各个层次的教育工作。真正的大学涉及的领域非常广泛，故而会接触到各种各样的教育问题。

此外，大学还是公共学校制度的组成部分。不管大学是由政府资助还是由私人开办，接受政府颁发的特许状都使其成为一个公共机构。作为一个公共机构，大学对政府资助开展的各类教育或立法工作不能坐视不管。大学的理念支配和影响着大学以下教育领域的发展。所以大学不能自我孤立，低于大学教育层次的学院、中小学也不能故步自封，对大学的强大影响置若罔闻。或许不同教育层次之间并不存在什么有机的联系，大多数情况下也没有必要建立起有机的联系；它们之间的纽带是精神层面的，比单纯的形式上的联系更为紧密。

大学也是民有机构。因此，大学必须拥有“特权”，且在很多时候由个人资助开办。在后一种情况下，它必然受到公众意见可能发生的变化的影响。不过我们必须谨记的是，当大学管理或院系教学因受外界影响而发生变动时，如因多数人政治态度的变化而解雇职员或教授，那么它便不再称得上是一所大学；只要存在任何一种高压元素，它就不能再位居大学之列。政府同教会一样，无权干涉对真理的探索，也无权干涉真理的传播。政府和教会可以开办自己的学校和学院，以培养青少年的智力，宣传推广各自的智慧，并在教学上选择赋予其何种特色。由政府开设的军事学校和由教会开设的神学院便是贴切的例证。但这类学校不是大学。

大学涉及生活的每个阶段和方方面面，涉及人类思想的所有领域。大学不会坐落在僻远之处，因为它要顾及那些难以触及它的人；大学也不会偏安于任何城墙之后，因为没有敌人能令其退缩。奇怪的是，大学通过紧密联系“敌人”来征服“敌人”。无论是从个体的角度还是从集体的角度来看，大学都是民有、民享的。

总的来说，民主意味着人民具有优越性地位，一个民有、民享的政府必然是一个合作型政府。古希腊民主，以及我们这片土地在一个世纪前建立的民主，都是民主发展的不同阶段，民主从人类历史开端以来就一直在发展。反对掠夺的工业精神所达之处，都会有民主发展，直至遍及全世界。

民主的基本原则是平等、负责地对待民众意志，其对立面是阶级制度和专制主义。无论何时何地，两者都在缓慢地做着斗争；且民主发展已然取得了一定的成效，通过吸收敌对方的精华，在当今社会拥有空前牢固、崇高的地位。

民主是，政府最后抉择前都要诉诸民众意志，但是最终做出决定的必须是一位充满智慧、受过良好教育的决策者。人民也必须是接受过良好教育的人。事实上，教育才是民主最重要的一环。教育是奠定一切的基础。如今，民主倡导者并不同意卢梭的观点——人生来具有智慧本能，但所有人都会同意罗素所说的话——各种各样的无知并不会产生智慧。

那么，民主在事实上又是如何进行自我管理的呢？答案是，接受那些已经做好准备的领导者的引领，并令其对人民赋予的信任负责。

终身致力于自由党事业的格莱斯顿（Gladstone）[①]先生曾经说过，“这个国家在很大程度上，或者说在最大程度上，受身居要职的少数人的引导”，而在这些人之外，则是：

> 人民大众必然不具有迅速做出各种行动的管理性思维；不具备国家政府运行所需的灵活的、拓展性的知识；不了解世界，亦对人类的思维、性情，以及时机、机遇一无所知。事实上，在政治计划和主张之外的整个社会环境，常常不仅决定了政策走向，而且决定了提出政策的义务。从严格意义上来说，从未有由众人组成的国家可以由众人自治；在人类生活环境下，最为可取的治理国家的方式是，大众选出统治者，并在特定的场合下直接向其施加影响。历史业已证明，我们甚至在这点上都鲜有取得可观的成效。历史用钢铁铸造的笔，清晰地在人类命运的磐石上书写道：大众在现实政治领域必然是消极的。

在这样的政治体系中，教育对于人民和领导者都具有重大意义。

① 英国政治家，曾作为自由党人四次出任英国首相。——译者注

民主尽管无所不包，但与宗教毫无关系；民主与如何表达宗教情感或宗教教义无关，但与规定不受干扰地行使宗教自由息息相关。哪里存在严重的无知，哪里就不需要宗教自由。只有那些开展教育、享有智慧的地方才需要宗教自由。民主与教会毫无关系，但民主与个人、国家的道德及正义息息相关。宗教并不能一直推动道德和正义的发展，智慧也不能一直确保二者发展。然而，不管是单个力量还是多方力量推动的思想和灵魂的启蒙，都是抵抗道德下滑和正义受损的唯一堡垒。因此，教育连同宗教，都是民主赖以发展的基础。

界定了这些术语之后，现在让我把话题转到我想回应的问题上：大学和民主有什么联系？这可以从大学的角度，也可以从民主的角度来思考。大学在整个合作型政府中扮演着怎样的角色？大学在推动自治的发展和深化上又能起到怎样的作用？

在此希望大家原谅我岔开一下话题。多年以来，我一直在学习《旧约》，深受希伯来人的思想和思维方式的影响。在漫长的历史发展过程中，这些思想和思维方式几乎历经了每一种生活方式——从野蛮到高级的文明；也几乎经历了每一种政府形式——从家长制到部落制，从君主制再到等级制。其他任何民族历史的多样性、启发性都不能与之比肩。在此我想征得大家同意，从希伯来人的思想和思维方式的发展史的角度来阐述我的观点；我对此更感兴趣的原因是，对于所有具有宗教情怀的人来说——无论是犹太教徒还是基督教徒，无论是罗马天主教徒还是新教徒，这一思想和思维方式都是他们熟悉并认为神圣的。

民主还要肩负起世界使命，尽管这个使命带有不确定性。我希望表明，大学是民主的先知，同时也是它的牧师和哲学家。换句话说，大学是民主的弥赛亚（救世主的意思——编者注），是其未来的传播者。

大学是先知，意味着大学是民主的发言人。进一步来说，民主必须纳入大众，并维护他们的同情心和兴趣。不过，作为一项制度，民主是长期发展的结果，无法简单形成。事实上，民主已经有点冗长、复杂。民主蕴含的原则需要持续反复地阐述，需要所述者之言能给人留下深刻的印象。尽管民主意在表达大众的思想，但它是五千多年发展运动的结果。人类出现前就存在生命法则，民主是该法则运行发展的结果。在很大程度上，民众对民主发展的历史过程和生命法则的特点一无所知。民主发展史必须被一遍一遍地讲述，其原则也要讲得浅显易懂，才能让所有听者都明白。

尽管之前人们做过清晰的追溯，但人们对民主仍未达成统一。民主所承载的重荷使其在任何情况下都发展缓慢。在民主缺乏统一性的条件下，平等的理念也难以充分发挥作用。那些理解民主统一性并认识到民主在经济发展中的重要地位的发言人，必须四处宣传，直到所有人听到、注意到其明确指令。我们必须把那些促进民主统一的元素聚合起来，使其影响远远超过不统一。

事实上，民主还没有开始去了解自己。相对而言，民主的历史太短，实践的时间也很短，因而难以发展得很壮大。民主需要教师们去说“认识你自己”，需要传播者去照亮黑暗之地。任何时候都存在的一个巨大危险就是，下一步可能会出错。我们已经犯过一些这样的错误，历史也表明我们为此付出了惨痛的代价，被迫回头重新开始。如今民主已经可以自行发展，但常常还是会发生意外。这些意外引导我们去思考那些还未来得及思考的问题，即如何一直保持公平和平衡。

民主发展似乎处于上升趋势；但是，对时局洞若观火的人则看到民主还未涉及许多重大领域，已经涉及的领域也仅仅是在名义上而已。可以确定的是，如果我们的政府拥有民主是件好事的话，那么不同的社会关系，艺术、文学和科学拥有民主也同样是件好事。没人质疑民主已经影响到这些领域，但也没人会说民主已经完全占领这些领域。甚至在政府领域，在过去一个世纪里取得的民主进展也是多么微小啊！民主通过吸引而非征服的方式来进入上述领域，这将在很大程度上强化民主在这些领域的地位。谁能说服各个国家做好准备去迎接民主呢？谁会把民主引入艺术、文学和科学这些新领域呢？须是那些既了解民主又懂文学或科学的教师！他们会适时地促进民主与这些领域的结合，从而给世界人民带来众多福祉。

民主还要去打许多场硬仗。民主每向前发展一步都要面临致命的攻击。民主的敌人是那些官居高位、控制着千军万马的人。基督教或许是民主的，但教会常常反对实践民主原则。这些硬仗必然是唇枪舌剑，而非刀戈相向。笔锋是更为有效的武器。民主要迎接许多场战斗，有的可能会持续很久。许多地方都有战斗在打响，拥有民主的一方将会赢得最后的胜利，正如《以赛亚书》中说的，“国王们将闭上嘴巴，因为他们将会看见之前从未向他们诉说过的事，也会去思考他们未曾听说过的事”。

民主有时也会沮丧消沉。民主在重重反对中出现，被自私自利之人抑制而落入尘埃，于是大声疾呼：“上帝隐匿了我的去路，上帝对我的判断置若罔闻。”沮丧、绝望导致民主一败涂地，士气锐减。在这种情况下，就需要给予民主安慰。在大城市生活的人们，谁能知道他们的内心中有多少黑暗和痛苦？因为对于作为个体的他们来说，生活很多时候是毫无希望的，也许只是勉强存在，直至死神将他们召唤。正是这些人构成了民主的主体。“他们俯视大地，看到哀痛和黑暗，满怀苦恼，陷入黑暗的深渊；他们拖着饥饿的躯体，历经磨难，无人帮助；随后他们感到饥饿、愁闷，咒骂他们的国王甚至咒骂上帝。”而今，我们所听到先知传来的声音：“在痛苦深处的民主不会一直笼罩在忧郁之中……在黑暗中前行的人也将会看到万丈光芒。”人们将会欢呼雀跃，因为所有的压迫都将消除，所有的战争都将停止，新的政府也将建立起来——这个具有正义、公正的政府将会屹立不倒。这是先知对那些情绪低落、备受压迫而对民主充满沮丧的人所传达的声音。

有时，民主也会弊病百出。在忠于民主最大利益的伪装下，受到民主托付的人反而攻击民主，使其堕落、蒙羞、备受指责。民主必须先洗清罪名，净化自我，才有望重拾为全世界奋斗的伟业。民主已经展现出致命的弱点，其结果将是毁灭性的。洞悉局势及其危险的先知必须敏锐地指出这个致命性弱点并加以呵止。无须怜悯与同情，直至弊端得以消除。这个教训是苦涩的、充满耻辱的。但如果该惩罚足够严厉的话，其效果也会具有持久性。不管民主的弊病何时抬头，我们都必须听到先知发出的清晰指责。

民主自然承担着一项使命，总结来说就是一个词“正义”。一个有趣的事实是，所有伟大的宗教真理都在思想家阐释之前被大众思考过。世界盼望着通过民主形成一套国家正义的理念，在此之前的努力都是徒劳无益的。当将来国家正义理念得以感知并被阐释出来时，那一天就到来了。大众对此难以帮上忙。先知通过敏锐的双眼洞见民主思想的内核，用动人的语言激荡人类经验的最深处。我认为，先知将会制定法则，从而使地球变成一个真正的天堂。

民主作为一种制度，我们需要对它进行解读。我们必须解读民主发展的历史，从中吸取教训，避免重蹈覆辙。我们存在的最大危险就是未能紧密地联系民主的历史。联系民主的历史以进行比较是必要的。如果没有古今比较，我们或许永远都不知道自己所处的位置。历史上发生的每件事都传达着一条信息，每个生命都是一种表达方式。这些事件和生命都要视为客观的经验教训，需要我们进行思考并从中学习如何找到正义。从当前的情况来看，国家的兴盛衰落，制度的发展消亡，伟人短暂的影响力，都为更好地理解、执行民主理念奠定了基础。

我们必须理解并解读当下。鉴于民主在奋力向上发展时很可能会产生顺流和逆流，我们必须在每一个黎明来临前重新估算水流状况。在每个公众舆论大潮的转折点，我们都要准备好记录下危险的信号。同时，我们也要鼓励民主朝着有利面轻微转向。从普通事物中孕育的最为细微的变化往往会成为重大改革的先导，因为真正的改革总是从事物边缘最为薄弱的地方开始的。如果它们在当下得到关注，未来将会向好的方面发展。

不过，民主的未来还需要深思熟虑。真正的领导者高瞻远瞩，会对民主的未来发展做出预测，通过向追随者展示前方道路的光芒和将要面临的灾难，来鼓励他们，并使他们避开将要显示出破坏性的政策。

古时候，解读历史、衡量当代和预测未来的人都被称为先知。我认为，大学就是民主的先知，大学是上天自行建立以宣扬民主原则的代理机构。只有大学才能提供最好的机会去探讨民主发展的历史并向大众呈现其事实、原则。作为思想的聚集中心，大学要维护民主的统一性，统一性是民主成功发展的关键。大学是聚集先知的学校，从中将会走出引领民主步入真正发展道路的导师。只有大学才会必然将民主引入艺术、文学和科学这些新领域。只有大学在打民主之战，其战斗口号是：“来吧，让我们一起变得理性。”只有大学充满活力地去安慰并帮助那些情绪低落、生活在堕落和痛苦之中的人。只有大学，借助公正的判断，谴责民主中时而出现的抹黑民主的弊病。

大学是一个高举伟大民主理念的先知，其使命是追求正义。大学通过不断地构想民主理念，阐释民主观点，使人们切实地感受到这些民主理念是从他们内心最深处发出的。我认为，大学是民主发展的先知：它是民主过往兴衰的先知，是民主当前形势的先知，是民主未来使命的先知。

在古代的先知中，有些是占卜师，借助音乐来使自己达到癫狂的状态；有些是梦的预言家，闭眼睡眠时犹如清醒时一般；有些是牧师，先知精神已被激发但未完全支配其行动……大学也是如此。有些大学只是名义上的大学，它们忘记了大学初诞时的情形，可能与民主背道而驰。但真正的大学，与真正的先知一样，都是忠于历史的，故而也是忠于民主的。

大学同样是民主的牧师。牧师往往只和宗教事务相关，那么民主是一种宗教吗？答案是否定的。民主含有宗教吗？答案是肯定的。民主所含有的宗教是一个集上帝、祭坛、圣殿，以及道德准则、信条为一体的宗教。民主的上帝是人类、人性，民主的祭坛是家庭，民主的圣殿是国家。民主的信条之一是兄弟情谊，最后达到人人平等；民主的道德准则则蕴含于“正义”一词之中。

在民主所含有的宗教中，有很多犹太教和基督教的成分。这完全在意料之中，因为是古代的先知耶利米（Jeremiah）最早宣扬个人主义的；个人主义后来成为最伟大的民主倡导者耶稣基督的基本思想。同时，先知以西结（Ezekiel）则最早宣扬团结理念；作为个人主义发展的必然结果，团结理念后来也发展成为基督教思想。

历史上的先知一直都是英雄，因其勇敢和理想主义的愿景而广受称扬。而人们往往认为牧师巧舌如簧，在欣赏其精明的同时，也担心、害怕牧师野心勃勃。现代和古代大多数时候一样，先知和牧师在精神和工作中越来越紧密地联系在一起，但两者的差异仍然是显著的。

民主具有兼容并蓄的特征，从不同宗教、哲学系统中吸收精华。民主具有宽泛性，涵盖大量的信仰和实践。民主具有确定性，在感情和行动上都表现出明确的倾向。民主具有世界性，但世界必须做出很大改变，民主才能被普遍接受。

先知关注宗教的信条和道德准则，并已深思熟虑。牧师则关注宗教的礼拜仪式和具体实践，即主要开展服务工作。牧师是个体与构成上帝的抽象或具体的理想之间的中介。在个体心中，上帝是他所理解的人的最高境界，即完人。因此，牧师是人与人之间的中介，因为人是构成民主的元素，人性是民主追寻的理想目标。

同样地，牧师要推动个体和他心中上帝的密切交流，使二者达成深刻、持久的沟通。对于牧师和祈祷者来说，这还象征着致力于探索最为高远、神圣的真理。牧师通常接受过具有神秘色彩的宗教仪式的培训，是过去传统的守护人，引导那些具有类似情愫的人走进这陌生的神秘之中并发掘它蕴含的宝藏。

大学和牧师一样，是人与人、人与自己的中介，也是人类与受到人类崇拜的内在理想化自我的中介。大学像牧师一样，引导那些受其影响的人去和自己的灵魂亲密交流，不管这些人是否在大学校园里生活。人们可能只有在闲暇时冥想才能开展这种交流。在所有工人协会中，大学协会在确保这种闲暇上最为成功，它使人得以思考社会与自然。若不进行这些思考，人类将永远无法认识自己。有鉴于此，大学非常理解其他工人协会通过合法途径，在争取缩短工时和提升自我方面所做的每一分努力。与自我交流和了解自我，也可以理解为与上帝交流和了解上帝。

此外，大学在最初建立时便已致力于发展民主，并担任起牧师的角色。这里同时结合了传统与现代两种教育观。大学将自己与一切可能使它脱离所承担的预定服务的事物隔离开来。大学的目的是固定的，不因任何事物偏离。大学曾受到上帝的召唤，致力于提升民众精神，这种奉献比其他任何行为都神圣。大学曾孤立于世，而今因为世界本身的发展，又投入同一个“世界”中，几乎没有一个地方不欢迎它的到来。从孤立到致力于服务各类人，大学引领着那些追随它的人，在家庭、国家乃至全世界，献身于自由、真理和正义事业。

大学是民主教会、神圣性和伟大传统的守护者，使它们免于被亵渎和被损害。但它不限制新成员的加入，只要他们有此意愿。民主不会排外，它尽其所能地将全世界都纳入新成员的名单中，因为神秘感针对的是那些没有目睹过它的人。民主正是为了家庭、国家和人类才开展这种神职性活动的。

这种沉思、自我交流，以及努力探索奥秘的行为也在家庭中展开。家庭是为人熟知的、最为神圣的民主园地。这在人们为人父母前就早已触及，并反映出父母亲的天性；子女在感知民主时，父母又间接地得以触及。除了自身的影响外，学校制度的特征由大学决定并在很大程度上受大学支配（不管何时，政治机器都会让具有良好影响的事物去支配）；每个居住在这片辽阔的土地上的家庭都通过学校制度与大学产生联系，因为教师和教师的教师都是在大学里培养出来的。

追求并守护民主的活动同样也在整个国家范围内开展；国家是民主的圣殿。启蒙意味着纯粹的目的和神圣的热情，从而使人们忠于真理，形成真正意义上的忠诚。要求人盲目地接受强加事物的宗教并不是宗教，而是迷信；不知服务的对象，也不知服务的目的的爱国主义也不是爱国主义，而是无知的屈从。爱国主义要成为一种美德，就必须充满智慧，必须知道为什么爱国以及爱国的目的为何。在国家管理中，并非每个人都承担着同等的工作，只有那些最为优秀的人才能最好地满足民主发展的需要。

大学最需要在如下几个方面开展活动：调节政党之间的关系；融合完全不同的思想理念；坚持探索真理且仅探索真理的标准；揭露历史上不为人知的成功经验和失败教训。如果没有大学开展这些工作的话，那么整个民主圣殿里将会充满扑朔迷离的纷争和不协调的元素，从而导致缺乏和谐一致的声音来将人们的灵魂提升到更高、更纯粹的爱国情感境界。

从最广泛意义上说，人们超越家庭和国家层面去思考普遍意义上的人类，就是一种神圣行为。大学在这项具有最为深远意义的神圣行为上还可以开展更为重大的工作。正如信仰一般宗教的绝大多数人不会超越祭坛、圣殿，其视野过于局限而忘记上帝本身一样，家庭和国家也在很大程度上耗尽了大多数民主拥护者的感情。牧师担任着帮助信徒打开眼界的重大职责，不畏艰苦地教导信徒：人类的关系并不仅仅局限于家庭和国家范围内，还要拓展至整个世界；所有人都是兄弟姐妹。人类是一体的。如今大学还是国家之间的媒介。大学的服务边界不断地拓展，推动国家之间紧密联系。大学将共和政体、君主制、帝国全部纳入进来，所做的工作比以往更庄重、神圣、有意义。所有人（而非个人）、全人类（而非单个国家）灵魂的内在秘密才是大学研究和传布的主题。

大学是一个布道者，但凡可行之处，都在传递民主。建立大学是为了引导人们与国家，与全人类的共同灵魂紧密交流；独立于其他机构，同时又与人类紧密结合；网罗人才，去探索过去和现在已揭示或悬而未决的奥秘。

古代的牧师中，有的匍匐于贪婪和腐败的泥潭之中，鼓励人们犯罪，从而可以兜售赎罪券；有的敷衍马虎，仅凭一封推荐信便足以获得职位；有的虔诚负责，教导人们最为神圣的真理；有的在从事神职服务的过程中日益崇高，从而在自己的生活、思想上都展现出神性。

大学也是如此。有的对人类疾苦充耳不闻；有的不与外界接触，大门紧闭；而真正的大学、未来的大学，则以服务人类为座右铭，服务于全世界的人，不管这些人来自哪里，在大学围墙内还是围墙外。

总有一些人，可能是许多人，否认民主蕴含着宗教；但没有人会否认民主蕴含着哲学。我认为，大学就是民主的哲学家。时间有限，我接下来用最简短的方式阐述这一观点。

我们在《旧约》中不太能明确地区分先知、牧师、哲学家或智者的工作。智者的工作介于牧师和先知之间；先知常常是从牧师中来的。尽管有一些混乱和交叉，但他们之间还是存在一些明显的区别。先知是理想主义者，牧师是形式主义者，智者是人文主义者。先知主要关注国家，牧师主要关注教堂，智者主要关注世界。从现代的角度来说，先知可以被称为传道者，牧师可以被称为培训师或教师，智者可以被称为思想者。

当前民主处于亟须进行严肃思考的发展阶段。这里的严肃思考指的是诚实、不带偏见地思考所有与民主相关的事实。对民主批判做出重要贡献的有托克维尔（Tocqueville）、亨利·曼因（Henry Maine）、莱基（Lecky）。不过他们的视野往往在很大程度上受限，只有一两个关于民主的具体阐释还未受到挑战。民主发展亟须从哲学角度进行理解阐释，已有多人对此做出重要贡献；不过从总体上来说，这些贡献只是这项工作的开端而已。

这项工作主要有三条主线。民主的起源仍然是一个具有深远意义的主题；与民主起源相关的是古代民主的起源，以及古代民主与古代制度之间的联系。虽然人们较为熟悉民主历史上的主要事实，但民主历史中所蕴含的哲学仍然是有待研究的主题。另一条主线就要探究民主规则、原则的形成。人们可能熟悉其中的一两条，但还需要在未来开展细节性工作。此外，直接而又紧迫的是民主的特有问题，这些问题在民主的整个历史中都是紧要的，制定任何规则都要等待找到这些问题的答案。它们几乎涉及民主应有的每个方面。以上几个问题就是当前要做的工作，不管一名哲学家是谁或是什么样，都要投入这项工作之中。我们面临的这些问题都很古老且长期存在，这一点几乎都不用赘述；不过这些问题拖延的时间越长，问题就越严峻。除非制止极端、夸张的民主形式，否则将会使民主失去许多最好的盟友，并对民主政体发展产生极大的危害。较大城市里人口的快速增长，以及人口特征的发展变化向人类提出一个问题，即在这些情况下，民主能否处理好市政府的各项事务，无论它在州和国家政府中具有怎样的优势。在过去的几百年里，美国人口数量大幅增长，那么一个世纪以前的民主是否考虑到这1亿人口要自我管理？无论瑞士的民主是如何运转的，考虑到人口数量庞大的因素，美国或甚至是法国的问题都要更为复杂。

过去三四十年里，大量的财富聚集到少数人手中；这种财富积累和民主制度、民主生活的关系仍有待商榷。君主制或贵族制尚有富人的一席之地，那么民主是如何看待富人的呢？民主同样也要留给富人一席之地，但民主应该如何给富人留有一席之地，其依据又是什么呢？同样，当前大型商业法人团体在很大程度上支配着国家商业生活，民主最终又该如何对待它们呢？大型商业法人团体并不是贵族制遗留下来的问题，而是民主发展的产物，民主自己要对它们负责。那么民主该如何调整这些大型商业法人团体和自己，以使二者互相适应呢？

制定民主规则的团体正在不断地失去影响力和声望。如果当前的民主方案再受到25年的破坏，再有25年不进行彻底的修正，那么民主政体将会处于极度窘迫的境地。到目前为止，民主似乎还没有找到任何途径来确保最有能力之人被选出来管理国家事务。人们常常托付一些明显无能、私人事务一团糟的人去处理国家事务。尤其是在外交、领事方面，所选人员一直不甚理想（当然也存在例外）。如何确保那些有能之人担任政府职位呢？一个世纪之前，民主是从未想过政党机器会被人民的意志所取代的。当今的政府是真的民主，还是寡头统治？蛊惑人心的政客与政党体系是一个硬币的两面。确保诚实投票肯定比预想要难很多。许多人不关心投票，许多人渴望经常投票。在某些地区，许多人依法享有投票权，但不被允许投票。那么我们该如何计算投票？

教会也在失去对人民的影响。民主应该直接或间接地为此负责。教会不是民主机构，工人阶级对教会充满敌意。不幸的是，人民大众并没有区分教会和基督教之间的差异。民主在这点上存在很大的问题。

教育是所有民主发展的基础。因此，教育的问题就是民主的问题。这些问题繁杂众多，只有专家才能理解它们的重要性。有些人认为，在民主制度下，艺术、文学和科学的发展只能指望平庸之辈。民主有责任去迎接这个观点的挑战，因为如果它是真的，那么民主本身就在它的至高追求上存在致命之处。民主的未来是所有问题中最重要的问题，它实际上包含其他所有问题。那么，民主在一百年，甚至五百年之后，会取得怎样的成果呢？正如戈德金（Godkin）先生所说，对政府每一个计划的最高和最终的考验是它能否持久。

如今，我清晰地认识到，美国存在对建构大学理论学说嗤之以鼻的行为，对带有学术精神印记的言论不屑一顾，用怀疑的眼光看待一切似乎带有优越性的事物。但是，在反对经验建议、抗拒建构理论的情况下，我们采取的紧急措施将很快被证明是错误的。美国民众同样也会很快转而采纳理论、经验所倡导的理念！这样的例子很多，为人熟知，我在此就不一一列举了。

因此，大学是民主的哲学家，因为它，也只有它提供了研究上述问题的机会。请允许我重复一下由伟大的思想家托马斯·杰斐逊所述的大学职能：

> 培养政治家、立法者和法官，因为社会繁荣和个体幸福在很大程度上依靠他们。详细地阐释政府的原则、架构，国家间交往的法律，主要用于约束我们自己政府的法律以及健全立法精神……协调和推动农业、制造业与商业发展，靠渊博的政治经济学知识，为公共产业提供自由的发展环境。

那么怎么解决民主发展的问题？

我一直没有忘记的是，人们希望《旧约》中的弥赛亚不仅仅是一个先知、牧师、智者，还是一个国王。不过，国王只适合君主政体，在君主制下孕育而生。当弥赛亚到来时，他并不是人们所期待的事实意义上的国王。弥赛亚是一种民主精神；民主没有给国王留下任何位置。这种弥赛亚是《旧约》神权政体所梦想、期待的：通过他的手更正错误，降低高高在上者，抬高地位低下者。与此同时，先知、牧师和智者也在不断地加紧工作，以实现这一伟大的理想。

如今，让民主的梦想同样地成为人们所期待的吧。民主是一个备受期待的力量；通过与其他力量的联合，民主将迎来人类普遍的兄弟情谊被所有人理解和接受的那一天的曙光。与此同时，新旧大陆所有的大学，居于高位的大学学人，以及在世界上越来越占据主导地位的大学精神，将会担任民主的先知、牧师、哲学家，持续地开展工作，直至完成民主的伟业，使纯洁、崇高的民主普及开来。

二

大众教育当前发展的几个趋势

由于我们生活在一个由民主精神主导的环境中，呼吸着充满探索精神的空气，由于我们满怀希望和理想，投身于建设性工作之中，因此我们美国人早已对大众教育产生兴趣，并希望向那些不了解大众教育的国家推广。这在历史上是空前的。

民主精神正在迅速地影响我们的文明进程，且随着每一步新的发展，个人和国家事务之间呈现出一种新的关系——这种关系需要对生活和行动有更广阔和敏锐的认识。

探索精神无处不在，深深激荡着人们的灵魂，以至于旧的思想若还想在新思想旁占有一席之地，就必须采用新的表达方式。在这种建设性精神之下，似乎没有什么是不可能实现的，它促使人们付诸行动，而此过程中，一定的知识、专业的技能和全面的训练是必不可少的因素。

因此，所有立场、阶层的人事实上都期待、需要教育。如今我们亲眼见证了受过教育的人所能取得的实际成效，接受教育实际象征着什么，以及言论和思想自由涉及什么。这些都是之前闻所未闻的。

“大众教育”一词可能意指某一方面，也可能意指几个方面。事实上，“大众教育”蕴含着多种意思。从最广泛意义上来说，大众教育自然是指由人类自己开展的对人的教育。有时候，大众教育指的是对成年人开展的教育，以区别于中小学对孩子开展的教育和学院对青少年开展的教育。有时候，大众教育指代普通教育，以区别于技术或专业教育。还有时候，大众教育会包含针对数百万学龄儿童开展的低年级教育，因为从一方面来说低年级教育也是对人的教育。此外，大众教育也可能仅限于那些模糊的影响，这些影响能极大地提升和培养人，但影响程度因为模糊而难以估算。

如果将那些通常不包括在普通学校、学院系统之中的机构及其影响视为具有大众性的话，我们就能对“大众教育”进行划分以明确我们的意图。普通学校、学院系统可以称为专业教育或技术教育、正规教育，以区别于所谓的大众教育。二者的区分在于：前者是人们受到引导去上学，后者是学校或教育机构迎合学生。乍一看，这种划分不免有点武断，但仔细审视就会发现它是根据二者的根本性区别做出的。接下来我将举两三个例子加以说明。

在学校教育中，人们将学习作为第一要务，其他方面作为附属事务；而在大众教育中，人们将职业生计作为优先要务，学习则是次要的。

人们在学校教育中的要务大都不是一个选择性问题，其具体细节在很大程度上都是事先决定好的，要么像教育青年那样依据情况而定，要么像学院教育那样依据传统而定，要么像专业培训那样依据专门的固定程序而定。大众教育则全然缺少这样严格的决定性因素，其种类、方法、时间都有选择空间较大的问题。大众教育所具有的更大自由空间或许具有一定的缺点，即难以确保获得正规教育所能取得的确定、专门的成果。不过我们要记得，相较于那些接受学校教育的学生而言，接受大众教育的人大都已具备成熟的判断力；接受大众教育完全是个体的主动选择，是自愿的。这种选择不仅体现在所学科目上，还体现在所付出的时间、精力上。这种主动选择和自愿努力具有重大意义。

学校教育与大众教育之间的另一区别是：前者常常是由政府资助开办的公立学校，或者是由私人捐赠资助的私立学校；后者则主要依赖于那些投身于普世性事业的慈善家，或带有商业动机的商人。

通过仔细考察，我们已经界定了“大众教育”的含义。接下来，我们要从不同的角度概括出大众教育中最为重要的中介物。这些中介物大致可以分为三类。第一类是与阅读相关的媒介：日报，每天印发数百万份，致力于呈现世界的灾难或繁荣；月刊，全国几乎每个家庭都有一份放在桌上，以不断提高文化修养；图书，引导并提升那些更具有洞见、更希望以理性的方式解决问题的有思想的人。还有一系列鼓励读书的组织机构，其中率先出现的便是文化讲习所。

第二类则包括那些通过提供具体帮助或以间接方式，对重大主题开展较深层次研究的中介物。这包含试图指导和帮助工作者的中介物，如：大学推广课程，附带其包含的讲座、教学大纲、课堂和书面论文；拥有成千上万名学生的函授学校；集娱乐、教学为一体，经合理管理可以取得大量教育成果的学园讲座课程；每年鼓励成千上万人提升思想境界、走向更好生活的文化讲习所；位于全国各地，有效聚集不同地区代表性思想的教育协会。

第二类中介物还包括旨在发展人类本性的宗教性社团。如教会、基督教协会、基督教勉励会、星期日学校①，它们都致力于培养那些打开心扉接受宗教精神滋养、变得圣洁的人。与此同时，我们也不能忽视政治会议和政治运动，那些受真正爱国主义精神鼓舞的人，这些事务会燃起他们心中的火焰，涤荡他们的心灵。庆祝重大事件或悼念伟大人物的公众集会同样也不能忽视。在这些事务中，心灵与心灵得以接触，人与人得以相互吸引，人们会感受到非常重大深刻的影响，所有人（而非个人）的感情、信仰会得到展现。

① 宗教慈善家在星期日为贫民开办的初等教育机构。——编者注

第三类中介物可能令人较难感知。它们虽然影响巨大，但却具有分散性特征。在此我指的是旅行，不管是在祖国大地还是在异国他乡旅行，其教育价值都难以估量。古时候知名的商队可以称为旅行学校。现代组织良好的远足旅行，即使行程只有一百英里（1英里约等于1.6千米——编者注），也是具有很高价值的教育媒介。“从家里走出来”是教育活动的一个有益口号。有些人从自行车上学到的东西比从书中学到的要多。铁路运输与教育工作紧密相连，就像它与任何商业工作的关系一样。

事实上，企业也是构成教育的一个因素，我们必须把它放在重要位置；许多人在商业活动中获得的教育可能比在中小学、学院中获得的更好。每项诚实的商务交易本质上都具有教育性。每个企业都是一所学校，其经理是校长，部门负责人是教师，职工雇员是学生。不仅如此，企业还是一个重大实验室，通过人们一起工作来确保获得成果；这项工作及其成果都具有教育性。如果一般的商业企业从某种意义上来说都具有上述教育性的话，那么遍布全国的工业企业就更是如此了。另一种比商业精致但同样具有大众教育性质的，是各种形式的艺术，它们在音乐、绘画和雕塑博物馆，以及陈列着一系列人类学藏品的博物馆中得到展现。

此外，博览会在古代和现代都被普遍认为是人类教育的重要因素，包括县博览会、州博览会、国家博览会或某个地域的博览会以及世界博览会。我在尝试列举这些有助于大众教育发展的中介物上可能过于注重细节，接下来我将概括性地予以阐释。

人类不断地努力提升自己，那么我们如今能否将上述这些中介物视为其努力的一个方向？我们能否对努力的特征做出善意的判断，并试着至少从总体上确定努力的一些趋向？

上述一系列事物反映出最明显的特征是人类努力的多样化和

范围的持续扩大。现代日报从独立战争时就已出现；文化讲习所和大学推广教育从出现至今还不足25年；函授学校和教育会议是近来才出现的；星期日学校出现也不到一个世纪；基督教协会和基督教勉励会才出现几年；广泛意义上的旅行是随着铁路和电报的发展才出现的；在美国举行的世界博览会最早也只追溯到1876年。我们会发现这些都是近来才出现的事物，尽管大众教育的范围已发展到如今这么广泛，但那也只是它发展的最初阶段，这种发展有可能带来几乎无限扩大的远景。已发挥作用的中介物正在增多和增强。

除上述中介物外，我们当前未曾设想过的事物也会不断涌现。你们想知道这方面的实际情况吗？在此我想提醒大家以下几个方面：许多乡村、城市的学校建筑被用来提升社区的整体水平；旨在促进学校利益的家长协会得以组建，从而使每所学校都成为人民教育计划的中心；纽约州和纽约市在每个听众聚集的中心场所都举办了讲座课程，这必然会传播到其他州；推广风琴和钢琴，使其大受欢迎，并通过演奏风琴和钢琴而将丰富的典范性的音乐变得人人可得；对伟大的艺术作品进行加工再现，让渴望学习的人得以触及；越来越多的博览会将世界以及世界上的思想和产品带到不能亲自环游世界的人的面前；为了激发南部各州人民更为浓厚的教育兴趣的普通教育委员会也在筹备建立之中。

我还要提醒大家当前杰出的教育机构对校外人群采取的新立场。这是一种引人注目的学术新态度，在现代社会，学术不再是一件经院事务，而是像古时候所描述的智慧那般：“她站在十字路口的最高处；她在城门前大声疾呼：众人啊，我呼唤着你们；我是在向世人呼喊。”（《圣经》箴言第8章第2至4节）

出于时代的要求，上述所有事物都意味着新的宣传形式会出现，新的机构会发展起来，大众教育将会更为多元化，多元化也将仍是这项处于初级阶段的事物的特征。例如，没人会否认现在有很多人正在从事过去参与者寥寥的研究。每个世纪似乎都有大量的人摆脱无知和迷信的束缚，进而获得思考的能力。上个世纪取得的发展与进步是数百万人而非数百人努力的成果；与前几个世纪相较，这种发展幅度与已经觉醒的个体数量是呈正比的。

一方面，哪里有享受教育权利的自由，哪里就一定会有冲突；但到最后，光明和喜悦都会到来。从另一方面来看，枯燥、浪费往往发生在那些不鼓励人们去提升自己的国家。与过去相比，当前有更多的人在思考人生的基本问题，但仍有很多人要到将来才会思考这些问题。对于人类来说，我们才刚刚开始品尝到自由的甜头；只要未得到合理的满足，人类对自由的追求是上帝都无法阻拦的。

大众教育发展的另一个明显趋势，是引发了更为深层的思考，这几乎与每个中介物都有关联。

例如，我们看到许多真理都比以前更切实地占据了人们的心灵。接受过教育的人普遍地在思考一些基本问题。每一代人，作为上一代人的后代，都继承着前辈们遗留的财产，更为广泛、深入地思考生活的方方面面。上述中介物一方面为深入思考问题提供了机会，另一方面也是深入思考发展的结果。例如，许多机构的设计和调整是为了满足社会发展的需要。随着文明的发展，人们的生活变得越来越复杂，人生的基本问题也必然越来越难以解决。久而久之，每每努力去解决这些问题，都需要深入、更深入地去思考解决方案。社会中方方面面的巨变便是例证。不论社会巨变发生在何处，都是因为人们下定决心以一种新的方式解决重大问题。

知识分子团体在各个方面的努力也一样，都是为了确保调整那些已有的生产关系；这是智慧、博爱之士通力合作的结果，没有人对此提出异议。另一方面，一些人的努力源于希望推翻现有制度，以便他们获取私利——当这种教育不再教导人们去解决根本问题，使人变得肤浅，对最简单的是非原则漠不关心的时候——那么人们就要严肃地思考并提出如下问题：我们能够做什么来影响大众教育，使其较为普遍地受到更强烈、更高尚的道德准则支配？

虽然大众教育发展的深度与特征难以令人满意，但我们不应因此就废止它。只要注意到大众教育一直都在发展改善，这就足够了。基于以往的经验，尽管大众教育当前存在着很多不足，但我们对人类及其未来的信念应该能够使我们忽略这些不足之处。

我们现在要问自己一个问题：假如大众教育影响了越来越多的人，且影响的程度也越来越深，那么大众教育是不是变得日益普及了呢？我们并不能得出这个结论。日益普及是什么意思呢？我指的是，热情、兴趣和雄心不断地改变大众活动；智慧更为鲜明地遍布各处，它每年都在更大程度上影响着千百万美国人的生活；人们可以很容易地看到大众教育影响着国内广大人民的思想和工作理念；人们愿意抛开狭隘的偏见，接受一个国家的名义、精神和力量。通过解释“普及”这个词，我们可以清晰地看出：大众教育在不断地深入发展，变得越来越普及。

对当前以非正规教育途径推动大众教育发展的中介物的研究，揭示出另外一个有趣的特征——总体上，大众教育越来越具有系统性，故而越来越具有制度性。不过这只是在近些年来才零星出现的，实际上它仍杂乱无章，缺少组织性。不过撇开无序性特征来看，大众教育已明显地出现系统性特征。

如今各个阶层都找到了满足其需求的教育方案和方法。日报的排版设计是最好的例证：日报不仅含有新闻、社论，还有专门的教学版面，如今还有文学、历史、技术、政治学，以及其他具有教育价值的主题版面；典范性的诗歌选辑，激发出人们更为高远的理想；以优美的形式再现花朵、鸟儿，甚或呈现一些人类学研究。毫不夸张地说，最好的日报不仅仅是一个大众教育者，还是一个满足上百万人需求的大众教育机构，人们每天早晨都指望日报为其提供帮助、激励和精神营养。如果日报是如此的话，那么一本10美分的杂志更是如此。杂志汇聚多个部门的专业工作成果，向读者提供信息，刺激他们思考，培养更为高远的志向。我们可以从如下几个方面看到大众教育的制度性组织方式：形式各异、数不胜数的读书会；系统安排的延伸课程，逐渐取代"游击式"的"吕克昂式讲座"；精心设计的文化讲习所项目；教堂讲坛上有序呈现的教育材料；基督教团体；近年来星期日学校的系统、组织化发展。在部分地区，旅行也已发展成为一项制度性事务，并在大多数情况下都具有明确的目的、有序的组织。与其他事物的发展趋势一样，这项制度性事物也必将在不久的将来得到迅速的发展，因为经验表明，制度性发展一旦起步，便势不可当。

此外，大众教育发展的另一个新特点是科学化。我们可以看到，大众的思考变得越来越科学。这里我指的是狭义也是广义上的"科学"。当今人们的思考与我们所说的科学相关。科学在一个世纪之前并不存在，自然法则也还是个秘密。虽然人们曾开展多项观察，但大都具有不确定、不足和不协调性。如今，科学研究领域的范围逐渐扩大，直至容纳全部事物。我们已经发现自然法则并创建科学方法，通过运用科学方法，我们还必将发现新的自然法则；不管是新的，还是旧的，所有的法则都将为广大人民所有，成为人们的营运资本。科学对农业领域的影响便是一个例证。城市里男人和男孩都想去夜校学习电力、机械科目也体现了这一点。在学校的低年级教育中引入手工训练理念同样是一个例证。

科学化的发展体现的并不止以上几点。科学间接做出的贡献更多。在科学领域之外，人们的思考也已经开始具有一种前所未有的、科学的外在表现。精确的观察和准确的表述，两者不能单独存在；人们已经在思考中引入二者，并带来彻底的、根本性的变化。这点既有得，也有失。较为陈旧、无知、幼稚的思想正让位于较为成熟但缺乏想象力的现实主义。实际上，这种现实主义有时候发展得太过，反而会产生反作用。这种极端的发展趋势从主张废除幼儿园中的《鹅妈妈童谣》（*Mother Goose*）上就可以看出来。如今科学与科学方法占据人们生活的主导地位，影响着大众思想、学术文化、道德生活以及智识生活。

大众教育发展得越来越科学，并不是指人们在任何科学部门都能学到许多有关科学事实的知识，也不是说重大的科学原则会大范围地影响大众对生活、真理的理解；而是从简单的意义上来说，正确的思维方式会被反复地灌输到人们的意识之中，人们所接受的真理也会比以前更真实、更权威。

最后，大众教育正在向更高的道德和精神层次发展。人们并不是仅仅思考实用性，或只对实用的事物感兴趣。除了上述科学影响外，理想也在不断变化的人类生活中起到重大作用。

正是这一点给予我们对人类未来寄托希望的信念。世界上的许多信念都是和绝望并存的。引领我们攻克每个艰难困苦的，并非是我们会获得的事物，而是具有希望、充满光芒的强烈信念。

我以为，正是教育发展日趋完善的趋势，奠定了我们对未来拥有信念的基础。

人民大众比以往翱翔得更高，并有可能再创新高。如果这是有可能的话，那我们就必须实现。我们能否在大众教育中用更为科学的方法来实现这更高的成就呢？这样的话，我们就还需要更精确的科学。不过即使我们在科学方法或形式上取得最大程度的精确性，还是难以实现人们的愿望。那么我们能否通过引导大众更为深入地研究人生和生活的问题来实现呢？可以，且会由此取得重要成果，但人们的渴望会被发现在更深之处。物质主义没有提供解开未来秘密的钥匙，也没有提供保障人们未来福利的基础。有形的世界是伟大的，无形的世界更伟大。大众必须超越物质层面进行思考，解决那些肉眼看不见的问题。古往今来，这一直都是最崇高思想的教导。一旦崇高思想的教导缺乏远见，且世界满足于所触及和掌控的事物，那么人们前进的队伍就会停止，社会秩序就会紊乱，众人就会放弃追求自由和真理。

理想主义引导古代先知绘制的图景现在开始成为现实。如今在芸芸众生中，有些人肩负着提出世界理想的重任，这理想或许上千年都难以实现。你可能会说，这种理想是不切实际、充满幻想的。而我不以为然，因为古时候的先知是世界上最伟大的改革者，他们教育自己国家的人民，使自己的国家领先于众国。世界上曾出现过的一场特别伟大的大众教育便是由先知、牧师和以色列民族的圣人开展的。他们的教导具有崇高的道德感，是我们当今教育所应该具备的。我们必须承认，大众的思想中存在混乱，在某些方面，混淆了最基本的是非原则。世界上并不存在所有人普遍接受的准则。由于缺乏这种准则，品行良好的人也会制造骚动、带来破坏。有些人妄加指责那些声称按照道德准则规范自己思想的人，这着实荒唐。如果这样的观念在当前推广的话，那么爱国者、诗人、牧师、改革者、先知、使徒，甚至耶稣本身，他们的努力都是徒劳的。我们不能忘记这位伟大导师说过的话，或他树立的榜样。他的话语和榜样能让我们备受鼓舞，有动力去培养人们崇高的道德精神。

我们不必在这一点上对大众教育感到沮丧。对于那些理解大众教育的人来说，崇高的精神元素实际上已经明显地体现在当前大众教育的重大发展之中。我们从大众教育的发展及其取得的成效上就能看到这一点。我们从大众的心声中也能感受到这一点，因为他们的呼声并非像动物受苦时出于本能的呼喊，或许愁云密布，但却具有强烈、真诚的信念。

三

大学和宗教教育

人们普遍认为，州立大学在任何情况下都不可能将精力投入与宗教或神学相关的学科。这个问题与《圣经》在公立学校中的问题完全不同，后者为许多毫无意义的激烈争论提供了机会。不过，这两个问题所隐含的原则实际上却是一样的。各州早晚都要比以前更为精确、科学地思考应该在初等、中等和高等教育领域针对那些重大主题采取何种政策，这些主题在理论和实践上都不可避免地与生活的方方面面相关联。当然，从一所私立大学的角度来考虑这个问题，并没有那么微妙。不过如果研究一下学院和大学以往的态度，就会发现一些棘手的难题；到目前为止，如果这些问题有所解决的话，也只是部分得到了解决。因为从事实上来说，那些在各州以基督教学院的名义成立的机构，在为致力于宗教事业的学生提供良好的宗教教育上鲜有作为；在较为大型的私立高等教育机构里，宗教问题全然放任自流，未有任何实际的解决方案——这一部分是由于对该做什么一无所知或不确定，一部分是由于漠不关心，还有一部分是由于谨小慎微，现在即便是品行良好的人或优质的高等教育机构都在有关宗教的事情上谨慎不已——整个事情一直放任下去，没有任何有形的成果显现出来。

人们并不希望有关宗教或神学的问题被长期搁置，或从积极的角度来说，人们希望勇敢地迎接关于宗教或神学问题的挑战。近几年，许多教育机构和关心高等教育发展的人都认识到了这一点。如若这种态度的转变可以称为变化的话，那么发生这种变化的原因是：(1) 经过科学的审慎思考，将《圣经》历史及《圣经》文学提升到与其他历史和文学同等的地位。我们可以坦白地承认二十五年前学习经文时普遍使用的方法已没有价值，尽管它在很多地区依然盛行；它本身不再具有价值，也不值得在高等教育机构中占有一席之地。(2）知名心理学者近年来在宗教生活相关领域取得的成果，在很大程度上将这一学科提升到一个新的更高领域。(3）学院课程的范围拓展至人类生活的各个阶段，这使得引进有关宗教的课程成为可能。不过我们还不能说这已经产生可观的成效；没有人认为当前人们所表现出来的兴趣或随后几年里兴趣的增长，可以被解读为转向了传统学院培训的旧观念，因为传统的学院教育主要囿于培养牧师。早期的学院并不是真正意义上的学院，而是为特定专业规划和开展教育的职业学校。当前，人们普遍认识到，要以更加明确和有力的方式对待宗教或神学问题。这体现出人们的态度变化。

在我看来，任何与宗教教育有关的工作，大学都应该参与。这种参与完全符合大学的一般宗旨。如果近年来，高等教育机构已经非常一致地认为，必须把体育作为学院和大学工作的一个必要组成部分，那么要把宗教教育拒之门外几乎是不可能的。另一方面，如果学院或大学从一开始就从事宗教和神学教育的技术工作，那么就与培训宗教教育的主要代理人牧师有关的工作而言，今天就更难将此工作从一直被认为的学院或大学的合理工作中剔除了。此外，如果能将学习宗教经文与学习文明古国的语言学、文学，以及心理学、历史和社会学相结合（或许从一定意义上来说，没有其他学科与这些主题相关)；如果教育学认为宗教教育属于心理学，心理学也认为它是每个人成长过程中的重要因素；如果神学这一重要学科现在能和心理学、伦理学和科学紧密结合的话，那么一所设置了语言学系、文学系、历史学系、社会学系、科学系以及哲学、伦理学及心理学系的大学，怎能忽视考虑这些与良好的宗教教育有关的问题呢？大学在所有知识探索领域（不排除宗教教育）都无疑是领军者，肩负着为他人开拓前行道路的重任。

在此有必要做进一步的解释。在任何意义上，都没有人会认为大学在宗教教育方面开展的工作，可以代替家庭和教会的宗教活动。无论大学在这方面做什么，它都将保持与这些重要机构的关系，就像它保持与生活、思想的每一个其他阶段的关系一样。如今，每个阅读书籍或思考人生问题的家庭都能感受到大学带来的影响。同样的，每个有明智愿望的教会，也都感到要摆脱过去的迷信思想，把握现代崇高的思想信念。大学只有与这些重要的机构合作，才能对人们有所启发和帮助。

当前的状况总体上有点令人沮丧。从很大程度上来说，整个世界仍然对那些规范和控制宗教精神发展的生活法则一无所知。这正像个体和整个社会不了解或忽视生命健康规律一样，虽然不一定会走向生命的终结，但会导致生病或生活方式紊乱。这也正像个体和整个社会大都不了解宗教生活规律，或视其不存在一样，会导致宗教生活形式受到扭曲或抑制，几乎无法辨认。与忽视、不顾生命健康规律会导致丢失性命一样，忽视、不顾宗教生活规律也必然会导致出于实用目的而放弃宗教生活，即放弃生命中的一个重要事项。我们或许还可以进行更为深入的类比。在底层民众的思想中，尽管生命的发展规律会被忽视，但生命是通过本能维持的，个体通过本能来识别有益事物、避开危险。这种本能是动物和人类共有的。我们可以想象，一个仁慈的上帝赋予了人类信仰宗教的本能；即使在黑暗和冷漠的环境中，对所有真正构成宗教生活的崇高之处置若罔闻，宗教生活也仍然存在。我们不能忘记，各个宗教及其不同分支部门都象征着宗教生活发展的不同层面。与这种发展状况形成鲜明对比的是，那些宣称自己很有智慧或可以适当地称为很有学识的人，往往蔑视底层宗教生活方式及其采用的稀奇古怪、不切实际的方法。

在这一点上，我们或许会注意到一件偶尔发生的奇怪事情。在生活和思想方面具有最高智慧的人们，在宗教生活上的投入远比在智识生活上的投入少。他们常常会以最为热忱的方式培养宗教生活，有时候又予以忽视。在其他领域并无助益，甚至会被立即否决的方法，在宗教生活中却广被接受和遵循。举个例子便可说明：一位接受过现代教学理论培训的公共学校教师一周中有五天在运用最为现代化和科学化的方式开展教学工作；这位教师在星期日学校却使用颇为低端的方式开展教学工作，所开展的宗教教育工作也缺乏相应主题知识，且她认为这项工作没有平时那么光彩得体。很多有智慧的人和星期日学校的职员，将孩子的宗教教育托付给那些资质平庸、未接受过专项培训的教师，这些教师并没有能力开展常规教学。因此，那些严肃对待宗教教育的人对此加以蔑视也就不足为奇了。他们蔑视教师本人及其使用的方法，还有依据这些方法开展的教学工作。

如今，大学都秉持这一态度，许多学院也是如此。学院中，许多人虽然也持这一态度，但为了融入环境，却表示对宗教生活有着或深或浅的兴趣。他们无意或有意地让自己，实际是强迫自己支持发展宗教教育方法，内心深处却并不认可。与乡村生活不同，规模较大的高校和城市的氛围更为自由，人们业已抛开传统的义务，在思考或行动上停止与那些宗教势力合作。考虑到学生的组成情况，大学并不能认认真真地依据底层宗教教育理念向学生开展宗教教育，故而什么都没做；在发展智识上，不少大学生被默许，实际上是被迫，中断其从小接受的宗教传统和宗教生活方式。概言之，学院和大学一直都很少关注与宗教直接相关的教育事务。

还有一点值得我们深思。一般来说，生活中的问题在大学和学院里解决的要比在其他任何地方都多，因此，高等教育机构已被视为解决生活各个方面问题的领路人。宗教生活的问题在大学和学院里被忽视，就意味着它们完全被忽视了。全国各地的神学院并不是用来解决宗教问题的实验室，而是负责教导专业宣传人员的培训学校；神学院是否成功的标准在于它能否培养出与教师具有同等能力的人才。我们甚是怀疑，在过去的五十年里，是否有一个关于宗教生活、宗教教育的重大问题在美国的神学院里得到解决。

上述问题的后果是，虽然一直存在许多至关重要的问题，但实际上我们却从未尝试加以解决。和过去一样，解决这些问题的方案不会从教会或教会学校中获得，现在也是如此。无论在什么情况下，这些教派组织都过于注重宣传他们的思想和利益，多年来一直如此。如果能找到解决上述难题的方案的话，在很大程度上也必然是由那些没有教会偏见的人找到的。换句话说，大学必须致力于，至少部分致力于去解决这些严重问题。这正是它功能的一部分，并明确、直接地属于其范围之内。

我们不能忽略家庭和教会也要各司其职的重要事实。确定这点后，我们不禁要问，我们应该如何理性地期待大学有所作为呢？

首先，毫无疑问，大学是进行这类调查的机构。因为这类调查所必需的大部分基础工作已经在大学里建立起来了。比如研究有关《圣经》的材料，大学已经设立相关院系开展这项工作。再比如研究心理学、哲学、历史学甚至教育学实践领域方面的问题，亦是如此。事实上，在大学之外开展上述调查是否具有优势还是个问题。此外，大学还具有研究精神，缺少这种精神，上述调查也不会成功。一般来说，只有在环境友好的条件下，调查才能持续开展。在任何与艺术相关的院系中，想要培养最高的艺术修养，就必须寻求一种有利于艺术修养的环境。例如，古时候的以色列和希腊对待艺术态度迥然不同。以色列禁止发展艺术，因其领导者认为艺术与一种反对上帝思想的宗教信仰相关，而上帝思想是他们一直在向人们努力灌输的。而在希腊，无论是自然中还是人们生活中，都鼓励艺术的发展和对文化的贡献。任何现代知识领域的研究精神都是极其微妙的，需要我们不断地给予鼓励，并且只有在有利的环境中才有可能。因此，为了使宗教教育获益最大，大学应该开展上述方面的调查，从而在将教育基本原则运用到宗教领域时，指引其走向更具真理性的新方向。

如果被问及大学开展宗教调查的本质是什么，我们只需要参考大学教授在近五年发表的论文和出版的著作，以及科学工作者对儿童宗教发展问题的兴趣便可知。他们开展的研究都是根据知名的人类学和心理学相关法则进行的。这些研究有望获得出色的成果。当前全身心致力于研究宗教问题的人数量可观，而且该领域十分庞大而有吸引力，短时间内研究人员将会大幅增加。

大学在开展宗教教学工作时，要考虑到不同层次的学生，以及不同院系在宗教主题上开展的专项工作。不管从哪个角度看宗教，我们都不免得出如下结论：从过去的声望和对现代历史、思想的影响上来说，《圣经》历史和文学都应在古代的历史和文学中拥有一席之地。要让宗教有可能成为一门预备课程，人们自然会想到与学习计划中性质类似的课程。大学在开展宗教教学工作时，要考虑到不同层次的学生。例如，一些追求博雅教育的本科生会像选择其他学科一样选修宗教，准备到其他部门任教的研究生也会选修宗教，需要接受宗教教育作为一部分培训的神学院学生也会选修宗教。这样就有三大类学生群体会接触宗教教育。但与其他课程一样，在这方面，大学的责任也更为深远，还包括在各院系开展宗教教育的课程讲座。函授课程同样为那些无法为自己获得这方面特权的人，以及个别学生和群体提供了途径。眼下除了上述建议外或许没什么可多说的，不过我们将来也没有理由不将其他方面的教育容纳进来。德国有一个非常有意义的做法，即从孩子最早接受教育时起，就把宗教作为学习科目之一。我们或许认为德国的方案并没有在各个方面取得成功；实际上我们可以非常肯定的是，德国目前的安排会对很多人造成巨大的危害。但我们也不能质疑它获得了巨大成效——当前德国人所具有的坚毅品格在一定程度上就得益于青少年教育中的宗教教育因素。这里使用的"宗教"也包含伦理的概念，所以大学课程要关注的是宗教和伦理二者。概言之，我们提议宗教教育应包括《圣经》语言、《圣经》历史和《圣经》文学课，特别关注人类宗教发展方面的心理学与教育学课，与过去和当前宗教发展进步相关的历史和社会学课，处理宗教基本事实、问题的哲学和科学课，还要开设探讨世界重大宗教历史、思想的比较宗教课。这里充满了无限多的机会。如果我们认为宗教教育值得拥有巨大空间，那么相较于当前人们对宗教的忽视来说，宗教教育的需求是非常大的。不过，这就需要我们拥有更开阔的眼界，更富同情性地理解宗教精神，并更加尊重任何形式的宗教表现。

除非对宗教教育做出实用性规定，否则大学难以履行上述职责。在任何领域，教育的特点和价值都取决于它所能够达到的效果。所有教育工作都必须同时强调实用性和理论性两方面。为此，大学应该将自己建设成实验室，成为每个大学成员的理想工作场所。如果宗教有任何意义，如果宗教教育有其功能，那么这一意义和这一功能只能被理解和定义为宗教所隐含的，并为其所必需的。这不过是用另一种形式表达一种共同的观念，即宗教是我们的生活，是我们呼吸的空气。大学为适应学生不同层次的需求而开展课程，检验这些课程中提出的理论是否正确，只有在我上述提及的实验室具备合理工作设施的条件下才能进行。每个教会本身就是一个宗教实验室。大学可以不被称为教会，也没有必要在校园内组建一个教会。不过为了更好地发展自己，几乎没有一个院系不寻求机会践行其发现的真理并予以传播的。对于一所高等教育机构来说，拥有建设完备、队伍强大的纯科学院系是其最大的荣耀。这些院系仅仅开展研究和教学工作，每个人都不用迎合所谓的商业主义。这些院系是因为自身工作的缘故而遵从自己的意志，但是大学的工作并不能仅限于此。大学不仅要将化学、物理学原理运用到生活发展的各个阶段，还要将这项技术的实践工作与纯科学研究一样视为大学的合理组成部分。比如，几个院系开展生物学研究，并提出了诸如物种起源或遗传规律的纯理论问题，那么大学应该仅限于研究生物学问题吗？还是大学应该向前迈进一步，建立一所医学院，从而将生物科学发现的重大真理加以应用，减轻人类的痛苦？这在历史学、社会学中也是一样。大学应该仅仅满足于研究历史，而不鼓励对当前人们最为关注的问题开展实践工作吗？大学应该仅仅研究社会伦理学的原则，而不倡导贯彻这些原则，以作为当今生活和工作的基础吗？大学本身就是一种生活方式、一种生活环境。大学里的学生、教师，只要还在大学里，就不能停止这种大学的生活方式。如果大学是一种充实、完整的生活方式的话，就要包含宗教元素。因此大学应该将自己构建成一所实验室：可以开展实践工作；可以为那些有效利用实验室设施的人提供所需的职位；可能会发现新的真理，或同样重要地，发现已有真理间的新的联系；可以提供场所，使那些渴望获得真理的人更好地理解新发现的真理和已有的真理。我们不能忘记那些已知的真理，因为这些真理一旦投入实际应用，将会大大地改善人类的生活，提升人们的思想境界。

大学还将提供宗教生活的机会，以便那些搬到大学居住的人可以延续从小在家里就开始的宗教生活。那些刚进入大学的人，认为要把先前生活秉持的节制和义务抛至一边，这是错误的。有这种错误的想法是危险的，会给他们带来诸多痛苦和损失。随着大学生活给他们带来智识上的发展成熟，他们的宗教素养也应该相应地发展起来。但一个有意避开宗教影响的人是不会在宗教素养上有所发展的，日后也不可能从他放弃的地方重新捡起。虽然他可以努力地去重拾宗教，但最后往往会以失败告终，因为原有的宗教习惯和思维已不再适合他三四年之后的思维习惯。这就像一个二十二三岁的人，大学期间增长了二十磅（1 磅约等于0.45 千克——编者注）肉，长高了两三英寸（1 英寸约等于 2.54 厘米——编者注），再去穿他大一时候的衣服——这些衣服都不再适合他。那他该怎么做呢？除了将衣服扔到一边外还能做什么呢？在一个心智发展阶段形成的宗教思想和精神不会适合于后来的心智发展阶段，且会因为其不足之处而被丢弃。这是一个生活事实，我们不必赘述。那么在这点上，大学的责任就更为重要，因为学生远离家乡，且难再受到教会的影响。

大学在宗教实践的实验室中应该鼓励学生发展利他精神，因为利他是宗教精神的一个基本要素。学生的生活与教师的生活一样，必然是利己的。学生们一直都在努力学习成长，使自己变得更强。动机正确的话当然是正当的，但他们也可能受到错误动机的支配。为他人做事是最好的矫正方式。这种机会在安置工作等诸多事上都是开放的。这是宗教生活中不可忽视的一部分，大学应该为此做充分的准备。

大学自然应该采取一定的措施来保护自己，使自己免于受到常见恶习、道德败坏的影响。规模较大的高校和城市生活中存在的危险和诱惑并不比规模较小的教育机构和乡村生活中的多。也许前者的危险、诱惑更多且更为明显，但它的开放性抵消了大量的危险、诱惑；前者抵消的影响也更强、更多。众所周知，我们周围还有很多致命性的危险和诱惑，那么大学可以采取什么措施来摧毁它们的影响和对人的吸引呢？大学可以秉持真正的生活理念，指出违反自然规律的严重后果，提供合理的休闲方式和舒适的环境；大学可以通过全体职员的个人魅力来强烈地影响那些将自己托付于大学照拂的人；大学可以净化学生和职员周围那些具有直接或间接的破坏性的不良元素；大学可以坚定地坚持良善和高尚的立场，抵制不良和堕落。上述事项大学都能做到，且能做得更多。如果大学想尽职尽责地为校内人员服务，那就必须做这些事且要做得更多。

上述言论未能对宗教生活和宗教教育进行区分吗？答案或许是肯定的，因为我们并不能总把二者完全区分开。宗教教育或培训不是一些现代宗教教授宣称的文学、考古学或文本批评的研究，也不是对历史、心灵或宇宙规律的研究；所有这些研究，实际上都有助于宗教教育。大学通过鼓励人们合理、理解性地尊重宗教教育来为它提供基础性服务。它是教育的一部分，没有它，人就不完整、统一，因而也没有力量。

四

高等教育发展中的浪费现象[1]

① 作者于1899年6月27日在纽约大学理事会所作的演讲。

我擅自添加“高等”一词，是为了在一定程度上界定我所讨论的主题的范围。不过即便如此，我还是觉得这个话题太大、太重要，以至于很难在有限的时间里探讨清楚。

人类所有的努力都存在一定的浪费。这一浪费的特点和数量决定了努力的成败。该论断在整个自然世界都行得通，在人类享有无上地位的思想和行动领域亦是如此。

一方面，发现并指出浪费，是批评和指责许多他人可以接受的问题。这意味着我们要站在当下和过去的对立面，反对惯习和传统，严厉地指出制度的弊端，揭示事物黑暗的一面。简言之，这意味着我们悲观地对待已做事务。另一方面，发现并指出浪费，只是为了将好的与不好的事务区分开来，提醒人们注意后者，以区分前者；只是为了扫清前行的障碍，以免危害到余下之事。这意味着我们要采取那些有利于获得最大成功的举措，不管这些举措的性质如何。

估算浪费是件审慎的事情，是商人的行事方法。不能成功地估算浪费，便是未能重视浪费，故而会被谴责为粗心和漠不关心。高等教育的工作无疑为探讨浪费这一问题提供了场域。这涉及上千个高等教育机构、上万名教师、上百万名学生以及数百万美元的经费。高等教育领域确定会产生浪费的有：学院和大学的预备训练，学院运行机制的调整，满足不同需求的工作安排，众多独立科目的组织开展，学生管理，教师工作管理，以及不同高等教育机构之间的关系处理，等等。当然，我们也知道有一些或某类、某区域的高等教育机构产生的浪费较少。某种环境下产生的浪费不代表会在另一种环境下产生。因此，本文所作的陈述都是针对一般情况而言的，而非有所特指。若要对浪费问题进行充分的论述，则需要一本书的容量而非六十分钟的演讲。

同样的，我们必须从一开始就清楚地认识到，指出各种各样的浪费是一回事，解决当前制度中的缺漏又是另外一回事。实际上，我们可能指出了浪费现状却束手无策。从另一方面来说，我们必须合理地分析了浪费才能指出浪费并提出解决方案。因此，我在下文将着重指出高等教育领域发展中存在的浪费问题，而非提出解决方案。为了履行我的责任和义务，我会在文末简短地提出解决浪费问题的建议。首先，我会探讨高等教育预备工作中存在的浪费。

如今，中等教育的发展问题比其他层次的教育都要多。我今晚只关注与学院和大学预备工作直接相关的问题。总体来说，当前学院和大学的预备工作在许多重要细节上都存在缺陷，不过我在这里同样也只关注那些造成实际浪费的几个方面。我只探讨源自如下几个方面的浪费：（1）在预备教育的性质上存在严重错误；（2）预备教育中的分化；（3）当前预备教育对时长做出不必要的要求；（4）预备教育的多种入学要求和录取方式不可避免地令人困惑。

对于上述造成浪费的第一个方面——在预备教育的性质上存在严重错误，我必须立即指出，学生只有在预备学习中形成良好的思维习惯，才能在学院和大学取得满意的成效。其中最为依赖的习惯是精确性习惯。当然，有些人的思维是完全不能形成精确性习惯的。然而，细心培养多少能形成一定的精确性习惯；每一种努力都会根据自身的特点而发展出精确思考或与之相反的习惯。接受培训学校教育的男生被迫学习精确性或不精确性；除非直接地训练他们的精确性习惯，否则会适得其反。受教育的个体未能养成精确性习惯所带来的极大的社会成本浪费，已无法用语言描述。这涉及整个人类的未来生活。

令人惋惜的是，我们的预备教育显然没有做好这一点。我认为，我们教育发展的初级阶段在某些方面是优于德国的，但在培养精确性习惯上则远远不及德国、英国和法国。当然，我们在此很难，也不可能做出令人满意的对比。据我观察，这个问题的严重性与日俱增。高中和文实中学引入科学科目并没有产生明显的效果。事实上，学习科学科目所获得的益处并不能抵消学习众多科目带来的弊端。当前中等教育中挥霍盛行，而挥霍正是浪费的另一种说法。中等教育努力向学生开展众多科目，使学生从每门科目中学到一点知识，这是不可能培养出精确性习惯的，反而必然会导致大量浪费。学生们在未来的努力中也难以完全地认识到这种浪费。

现在我们探讨造成浪费的第二个方面，预备教育中的分化。初等学校八年级和高中或文实中学一年级之间的鲜明区分，导致了大量的浪费，高中或文实中学四年级与大学一年级工作的分化则造成了更大的浪费。在此我要谈谈后者。学院（在此我将其归类为大学）里一、二年级的学习只不过是高中或文实中学的延续。这不仅体现在学习科目上，还体现在教学方法上。直到大二结束，才会采用大学的教学方式，而不再沿用文实中学的方法，学生们才普遍可以自主选择学习。不过，这种长达五六年的预备教育时间安排如今已经被打破，随后的发展状况是怎样的呢？学生们发现自己无所适从，未能完成预备科目的学习。学生的预备学习现在是在陌生的新环境下，由陌生的新教师继续开展。学院，尤其是较为大型的高等教育机构中的大一教师常常不如文实中学的教师。很多高等教育机构在大一开展的教育工作完全是浪费。在这点上，小型学院则比不屑于设置预科部门的大学更具优势。小型学院开展的工作有利于那些业已成年并做好进入大学准备的学生进行流动。在早期大学预备阶段，学生不能从一个高等教育机构流动到另一个高等教育机构，或接受不同教师群体的教学。这几乎在每个学院学生的身上都发生过。

还有更多的浪费是我们难以想象的——时间和精力的浪费，更严重的则是兴趣的浪费。教育工作中已经出现明显的分化特征。如果教育的分化不牵扯大量浪费的话，就不会打破自然规律。当前唯一可取的是，预备教育浪费了大量的时间，导致许多学生进入学院时就已成年，甚至在大一、大二期间就能开展较高层次的学习工作。不过其代价是，牺牲了后来的专业培训，或牺牲了本来可以用不同方式度过的年岁。

造成浪费的第三个方面是当前预备教育对时长做出不必要的要求。普通学生在十九或二十岁时就应该准备好进入大学学习，即自主选择所学内容，并根据大学的教学方式而非学院的教学方式开展学习。为了达到这个目的，大一、大二的学习应该在十七八岁开展。这样的话，就有必要使文实中学或高中的四年教育从十三岁起开展。事实上，许多文实中学或高中里大部分学生的入学年龄是十七至十九岁，比我提出的时间晚了好几年。如果当前通过推迟学生入读文实中学或高中的年龄可以使他们为高等教育做更好的准备的话，也无可厚非。但事实情况并非如此。将大量的科目引入课程导致学生精力分散、缺乏精确性，同时也导致了时间的浪费，带来严重的后果。诚然，时间上的浪费一部分是由于初等学校的教育问题，但更大一部分在于文实中学的教学方式和课程设置。我们可以毫不夸张地说，由于教育工作之间缺乏良好的联系，存在不必要的重复，以及将学生们圈在班级课堂里且在很大程度上不考虑他们的个体能力差异，导致通常读到大三的男生至少已经浪费了两三年的生命。

通过合理的安排，当前的大一新生将会成为大三学生。他们的年龄是足够的，但唯一的难题是他们在预备教育的某个阶段被迫浪费了几年时间。当前一个令人遗憾的后果是，80%以上的法学院、医学院和工程学院的学生都是从高中直接进入职业学校的，未能留出时间学习学院的通识文化，亦未能完成学院前两年课程中预备教育的最后阶段。在二十一二岁，甚至是十九岁完成高中课程的学生没有勇气在接受专业教育前再开展四年的预备学习。当前对普通学生大学预备教育的时长要求必须缩短至少两年，这通过合理的安排便能实现。

最后，预备教育的多种入学要求和录取方式不可避免地令人困惑。从中等教育向学院教育迈进的过程中产生的浪费，近来已在一定程度上受到学生、学院的关注。西部各州的学院和大学教育的发展得益于在州立大学和高中之间建立的体系。不过这只能在一定程度上解决浪费问题，且只对特定的州立大学及其在校生有效。由于四五百所学院大都设立了各自的录取要求，成千上万所高中和文实中学也大都为学生准备几个不同的学院，预备学校的教师和申请入学的学生面临许多不易攻克的困难。我们很难理解为什么要设置这么大的障碍阻拦追求高等教育的人，为什么要严重地挫败他们接受高等教育的信心，为什么将此困难设在单个教育培训的中间阶段而非结束阶段。学院和培训学校教师付出的时间，学生和教学人员为担心和焦虑所付出的实际代价，都是没有任何借口的巨大浪费。这种浪费是因为我国教育工作缺乏体系，以及高等教育机构各自独立蕴含的危害性——这种独立在很大程度上是自私的，实际上，充其量只是一种错误的自私；这种浪费阻碍众人去做一些本来可以做的事；这种浪费消耗的资金是高等教育机构在其他方面急需的。如果深受上述四种浪费伤害的人明智地开展合作，便可以大大减少浪费。

我们简要地探讨了预备教育工作中存在的四个方面的浪费，接下来我们思考一些高等教育外部机制中可能存在的浪费。

人们常常会将高等教育外部机制误认为是教育本身。比如，我们尊敬、推崇传统的四年制学院生活。如果有学生上课只用了三年时间，就会被认为是急于求成；如果有学生上课花了五年时间，则会被批评为不勤奋用功。也就是说，学院的课程必须不多不少地用四年时间完成。事实上，若用了四年时间完成学院课程，完成效果便不重要了。我们是否考虑过迷恋四年制所带来的浪费？平均每100名学生中，有20～25个人能在三年或三年半内完成学院要求；同样也有20～25个人要用五年的时间完成。用时间来衡量人类的学习工作十分荒诞，致使四分之一较有学习优势的人不得不减速学习，同时迫使另外四分之一的人加速学习。这造成了双重浪费，且未获得相应的收益。每个人都试图打破这种陈旧体制。虽然该制度的末日即将来临，但被彻底消除却很困难。因此，浪费还在继续。

与迷恋四年制学院生活带来的浪费紧密相关的，是把每个学年分成九个月学习期和三个月假期两个时段。这种安排造成了巨大的浪费，并在多个方面较为明显地表现出来。学生们被迫在一年中特定的几个月接受学院教育，尽管他们在此期间可能并未处于最有利或最合适的学习阶段。在此期间，许多学生必须在学院接受教育，那么如何保障学习则是一个重要因素。学生们被迫在这整整九个月里学习，否则就要错过一整年。考虑到健康等方面的因素，一年中用六个月的时间来学习或许对学生更有利。不过，这种安排在不浪费一年时间的条件下是不可能实现的。最糟糕的是，学生们还被迫放弃三个月的学习时间。不管学生的年龄大小、所处环境如何，他们都要在这三个月里抛开学习。如果是一名热爱学习的学生，他肯定会用这三个月的时间阅读和广泛涉猎各个领域，收获颇丰；而对于一名科学院系的学生，却是实验室大门紧闭、图书馆不让进。这就意味着，有大量的能在假期开展学习工作的学生被拒之门外。

在这几个月的假期中，有很大一部分学生接受不到任何指导，并很快就虚度完这毫无目的的假期。这段时间大都被浪费掉了，不仅如此，这段时间的度过方式常常不利于已形成的习惯。假期结束后，很多学生纪律松散，从秋季学期前一两个月里学生们还不能把因暑假而搁置的学习习惯捡起来便可见一斑。与此同时，学院和大学的资产，包括花费数亿美元的图书馆和实验室都被闲置，一年中有四分之一的时间不对外开放服务，这必然是一个巨大的浪费。

我们学院和大学的教师在很大程度上会浪费掉60%～70%的暑假时间。普通学院教师的工作并不比普通内科医生、律师或牧师艰苦，而从事医生、律师或牧师职业的人并没有每年十四五周的休息时间，他们常常满足于四周的休息时间。学院给教师施加的压力也并没有比负责商业活动的人多，商业活动的负责人能休息两三周便是幸运的。漫长的暑假并不是意在让教师休息，而是为了开展工作；但从实际结果上看，我们完全可以合理地说60%～70%的暑假时间都浪费了。那么，我们是否该要求教师全年都开展教学呢？绝对不是，但我们应该让每位教师认识到，如果在暑假期间未能取得实质性进步，浪费了宝贵的时间和更为珍贵的机会，应心生内疚。否则，这将是整个高等教育领域发展中产生浪费的最大源头之一。

学院和大学教育体制中产生浪费的第三个来源是在确保师生

教育工作集中性上欠缺考虑而必然导致的浪费和精力分散。在既定的时间里，学校允许学生，实际上是要求学生把精力、时间分散到五至七门，甚至更多的科目学习上。这对于认真严谨的学习，或成功来说，都是致命的。学生们在同一时间学习众多科目会带来几乎难以承受的巨大浪费。传统课程只包含三门科目，其最大的优势就是学生们可以踏实、认真地学习，并保持精确、严谨的习惯。当前，学院课程主要以每周一两小时的课堂教学的方式开展，学生们如何从中取得进步、保持兴趣或获取益处呢？同时学习七八门课的学生如何才能认真、勤奋地学习一门科目呢？数百名学生曾在学院学习结束时向我表达了震惊，指出大量的高等教育机构强迫学生进行肤浅的学习，浪费时间和精力。没有学生能同时有效地学习三门以上的科目，即使各个科目相近。我们可以合理地推断出，那些努力学习四至八门科目的学生浪费了一半的精力和时间。

即使在同一个院系内要求教师同时教授两门或最多三门科目，也会产生类似的浪费。最终的实际效果是，同时教授几门课，尤其是每门课每周只开展一两个小时教学，完全是浪费的。没有任何一种职业比学院教师更能支配自己的时间。没人能比学院教师更有机会提高效率，也没人能比学院教师更有机会浪费时间。一些人是有意识地浪费时间，更多人是无意识地浪费时间。鉴于浪费严重，常常会招致人们对学院教师的严厉指责。这种浪费大都可以归结为由于精力分散而导致的浪费。

我们现在已经看到高等教育预备工作和高等教育外部机制上产生的浪费，接下来我们应该注意到高等教育机构在调适学生学习上产生的浪费。我将探讨这种浪费的三个重要源头：未认识到个人主义原则并加以利用；针对学院学生使用的方法调适性差；

开展的各个科目之间缺乏合理有效的关联性。

高等教育机构往往对全校学生使用同一标准，这使得学生们被视为一个团队或公司的成员，而非个体。不管学生们的性情、品位或体质有多么不同，都被视为一个整体。高等教育中班级分类的理念占据主导，而个体则备受忽视。如果我们能想象一名内科医生同时接诊50或100个患者，并使用同样的方法治疗，那么现在同时进入学院的50多名学生被分到一个班级亦可以作此类比。事实是，50例患者的体质差异可能并没有50个人的思想差异那么大；在不考虑心智条件的情况下就规划一个班50多名学生的学习任务，无疑与为50多例患者开出同样的药方一样荒谬。高等教育机构应该先对每名学生进行诊断，以了解其能力、品位、喜好、弱点和不足，并在此基础上安排学习科目。每项细节都要调整和适应学生的个人需求。每名学生都应该像所在高等教育机构中唯一的学生、学校是为他而建的那样受到对待。有人可能会说，这样的政策成本太大。的确如此，但我们从该政策上规避的浪费将远远高出其成本。

无论如何，每所高等教育机构都应该做的是在一开始就提供给学生们可能需要的所有科目类别。大多数学院都未能充分地满足那些喜欢科学的学生的诉求。有几所大型高等教育机构只开设了传统的文科类科目（含希腊语）和科学类科目。仅开设这两类科目是不够的，即便各类科目的数量达标，也应该再增加至少五六类这样的科目。哈佛大学可能在选课制上走得太远，但这只是对传统狭隘政策的自然反应，且如果科目分类制一直盛行的话，彻底的选修制就不会存在。传统的科目分类制所产生的浪费是小型学院遭受的最大争议的起源，这种浪费在大部分学院中仍在继续。

上述情况给学生带来的浪费已在上文有所提及，即同一时间要求同一班级的所有学生开展同样的学习所带来的弊端是很明显的。高等教育机构应该赋予学生每一个可以进行自由选择的机会，这样往往能避免无法补救的弊端。

东部一所知名大学的校长指出：当今的教学着实令人震惊。高等教育机构开展教学的目的是：向每个学生施以类似的影响；抹杀学生的个性；将学生们按照既定的模式塑造并输送出去。我们无法估算该政策造成的浪费，然而大部分高等教育机构都在实施这项政策。

高等教育机构在调适学生学习上产生的第二点浪费就是所用教学方法不能很好地满足学生不同发展阶段的需求。有大量的高中教育工作在学生们大三和大四时开展。这种较低层次的教学方法曾一度可能被高中教师采用，如今仍然在被学院教师使用，给学生带来巨大伤害；学院教师应该使用更高层次的教学方法。最经常出现这种浪费的是文学、历史学和语言学院系。古典文化教学产生的浪费最多，受到的批评也最明显。古典文化教师在很大程度上要为社会上对这门科目的批评负责。

在许多情况下，实验室使用方法也存在巨大的浪费。毫无疑问，每个大学生都应该接受一门或多门科学科目的严格实验训练，不过这并不意味着每个学生都必须习得自己希望学习的每门科目的实验技术。如果打算毕生在科学领域工作的话，则可以这么想，否则要求他在每个希望学习的科目的实验细节上精益求精，就会浪费时间。我们必须提供机会，使全体学生了解几门科目的原理和较为重要的事实，而非将全部时间都用于机械操作。

不幸的是，如今科学教师所做的事情，与古典文化教师多年来从事教学却招致许多学生讨厌学习古典文化如出一辙。科学教师将所有院系的学生等同视之，认为他们都要发展科学专长；换句话说，他们像对待科学专业的学生一样开展教学。这种做法，对许多学生及其所在院系来说都是明显无益的。

另一个导致上述浪费的原因可以归结于许多哲学博士，尤其是那些在欧洲大学里学习过两三年的哲学博士。他们在学院的低年级开展教学工作，许多人比较年轻，大都缺乏教学经验。经过三四年研究学习后，他们似乎忽视了还有其他学习类型，或忽视了除了最优异的学生所用的学习方式外还有其他学习方式，因此，他们使用大学的方式教导大一、大二学生，结果彻底浪费了自己和学生的时间与精力。其中还有一些博士（尤其是那些在德国学习过的博士）试图疯狂地把一切与他们相关的事情都德国化。这是因为他们对在德国的经历充满新奇，并意气风发地希望推广一些不是美国专有的事物。还有其他原因造成大量浪费，但“德国化”的问题却很常见，以至于一些大型高等教育机构并不考虑聘用从国外大学获得学位的人，除非他有机会通过在国内工作三四年获得一种新的视角。人们有时会说，学院生活毁掉了许多本来有用的人。这是事实。同样真实的是，许多优秀的人因其在德国的经历而受到巨大的伤害。这种伤害大都会在一段时间后自行消失，然后才会显示出德国经历的真正的巨大价值。与此同时，除非进行密切的观察指导，否则他们在低年级开展教育工作也是损失和浪费。

高等教育领域在调适学生学习上产生的第三点浪费则是因为学院课程各个科目之间缺乏合理有效的关联。如果一名学生学习某个科目或身在某个院系，却不了解该科目或院系的内在联系，及其与其他科目或院系之间的关系，那么他至少在学习该科目上损失了一半。如果一名学生学过一门科目后又学习其他科目，在一个院系待过后又去其他院系，却不知道前后两个科目或两个院系之间的联系，且认为二者各不相同、毫无关联的话，那么他在学习上的损失则十分巨大。

我倾向于认为一半以上的大学生离开学院时如婴儿般不了解常设课程中各个科目之间的有机逻辑关系。将教育工作划分成不同院系是人为的，具有误导性。不过这种划分就像《圣经》里的信件一样固定不变，许多人认为它是原始创造本身的一部分。这多少会破坏学院整体学科的教育价值，因为如果一个人想了解任何事物的话，那么他应该了解各个学科思想之间的关系以及生活中事物之间的关系。否则，他只能掌握一些零散的、不切实际的信息碎片，没有建立个人系统性思想和思考的基础，仅有机器的各个部件而没有能力将其组合起来。事实上，机器部件的成本远比组合整个机器的成本高，但只有把它们组合在一起，它们才不会毫无用处，这也是造成浪费的重要原因。

我们已经探讨了高等教育预备工作中产生的浪费、高等教育外部机制中产生的浪费以及高等教育机构在调适学生普遍性学习上产生的浪费。接下来我们应该探讨高等教育机构在调适学生特殊性需求上产生的浪费。我认为有三个与浪费息息相关的重要问题：大学生接受的学院教育未能有助于他的生活；选修制的结果缺乏细致的监督；学生们需要或希望在院校间流动。

对于第一个问题，我自然认为学识并不是成功融入大学生活的唯一因素，还有其他许多方面是学生应该努力获得的。其他许多事物，即便不能获得学识，也是值得投入时间、金钱学习的。但即便采取了这样明确的解释，学院课程仍是许多学生受损而非获益的来源。至于究竟有多少人受到损害，我们自然难以给出明确的答案，不过我们可以肯定地说这一比例要比预想的高。学生和高等教育机构均在其中遭受明显的损失和浪费。大量的学生在我们尽力挽留之下仍选择辍学，便在一定程度上证明了这一论述；当前几乎没有一个有实力且出色的人是因入不敷出而放弃学院教育的。许多学生会因为友人的压力而尽力完成学院课程，因为他们的友人认为不完成传统的四年课程会使他们和自己丢脸；受其影响，他们也这么认为。许多高等教育机构保留了那些不能完成学业的学生名单；尽管徒劳且会给那些正当获得学位的学生带来严重伤害，但学校最后还是让这些学生毕业、获得学位。这类学生的比例有多大？如果采集的数据证实有10%或20%的人"最好"没读过大学，我应该不会感到惊讶；这里我说的"最好"，意思是对学生和高等教育机构而言。不过，我们不可能收集到能用来做精确判断的数据。在很大程度上，这种严重的浪费是可以避免的。比如，若是大学生可以在入学两年后，即大二结束时体面地离开学院，许多人便可以开启毕生的事业，进而取得成功，这样他们就不用毫无所获地待在学院里遭受损失，直到错失良机，再也不能从事一些重要工作。如果学院能尽职尽责地放弃那些没有理由被保留的学生，反而有益于这些学生，并能避免浪费。

第二个问题，选修制的结果缺乏细致的监督，这导致它成为另一个产生浪费的源头。我认为，即便是对选修制最热心的倡导者都会认为选修制应该像其他制度一样受到细致的指导监督，以达到最好的效果。因此，小型学院常常因为选修制未得到充分发展而产生浪费；大型高等教育机构也会因为学生在规划课程安排上未得到充分的帮助而产生浪费。由于时间因素，我在此不予以拓展。接下来我要说第三个问题——学生们需要或希望在院校间流动。

学生被迫从一所学院流动到另一所学院的事常有发生，这在父母搬迁、气候变化等情况下难以避免。即便并非绝对必要，也有学生希望在院校间流动。他们希望在院校间流动是因为觉得更换学校本身是有益的，或在不同的环境下可以学到有益的知识。院校流动的趋势在研究生身上尤为明显，研究生也更容易实现院校流动。

低年级时的院校流动，并无有利之处。事实上，从中学或预备学校转到大一常常是一种对学生有害的院校流动。学生们应该在大二结束时再进行院校流动。不过，撇开前两年不谈，或假设前两年都在一所离家近且与大学预备学校紧密相关的高等教育机构中度过的话，那么学生们在后两年进行院校流动是否无益则是个至关重要的问题。我能想到那些反对院校流动的观点，不过尽管如此，我仍想问：在考虑到各个因素的条件下，大学生将学院课程分别放到两所高等教育机构完成是否会变得眼界更开阔、更具有实力？如果能在不损失时间的条件下进行院校流动，则可以避免兴趣不足的问题；许多优异的学生会在入学一两年后产生兴趣停滞的状况。对于一名大学生来说，在本科院校之外的高等教育机构攻读专业性或研究性课程都是有利的。

在此我们有必要探讨一下几所顶尖大学的研究生构成。例如，我记得有一所大学三分之二的研究生是本校毕业的学士，这对于学生和大学来说都是不明智的。如果学生从南流动到北，从东流动到西，则会获得更大的益处。但这种院校流动在当前非常困难，因为高等教育机构之间缺乏理解与合作。毫无疑问，顶尖大学之间，尤其是新英格兰地区的顶尖大学之间未能紧密合作，已经给高等教育事业带来了损失和危害；且在院校流动这件事上，高等教育机构普遍存在愚蠢的独立和自负，这于大学的崇高事业毫无价值。

从高等教育机构在调适学生普遍性学习和特殊性需求上产生的浪费来看，我们现在有必要探讨一下在教师工作上产生的浪费。毕竟，教师所做的工作是整个高等教育领域的关键，高等教育发展中的诸多事务——甚至有人会说所有事务——都依赖于教师工作。即使不细心观察，我们也会发现高等教育机构的管理存在浪费：（1）留用不能胜任工作的员工；（2）给一线教师规定过多的工作量；（3）对教师的经济资助不足。

在上述高等教育机构的过错之中，最该受到批评的便是留用不能胜任工作的员工。曾经一度十分成功的大学教师在疾病缠身或进入晚年后，身体状况不足以完成学校要求的工作量。这样的例子有很多，在此我表示同情。大学教师如此年复一年地工作，也给那些被迫坐在教室里听讲的学生带来了伤害。

由于受到各种因素影响，有些大学教师在其并不适合的岗位上工作。有些大学则呈现出错误的体贴周到，仅考虑教师的利益却全然不顾学校和学生的利益，留用那些明显不称职的教师。

上文述及的过错，在全国任何层次的高等教育机构中都存在，只不过程度不同而已。有些是行政人员松懈导致的，有些是学校架构导致的。

听到大学生描述自己曾遭遇过上述情形着实令人遗憾。其遭遇所带来的危害常常是到后来他们意识到母校剥夺了自己的权益时（似乎在这里使用“剥夺”一词最为合适）才显现出来的；最糟的是许多学生当时并没有意识到这一点。目前，这种浪费在小型高等教育机构比在大型高等教育机构中产生的多，因为即便后者拥有不称职教师的比例与前者相同，但它具有更广的选课范围，从而可以使学生避免选修那些明显不称职的教师所开设的课程。这种浪费实在令人感到震惊，并且可能还在增加。

与此紧密相关且要承担一定责任的是，我们的高等教育机构几乎普遍地给教师规定过多的教学工作量。据说，采用这一政策是为了经济节约。然而经验证明，在考虑到所有事实因素的条件下，这项政策反而是最昂贵的。

我可以毫不迟疑地说，对大一、大二学生开展教学的教师每周应最多工作十小时，对高年级开展教学的教师每周应只要求工作五六个小时。我想不到还有比大学教师因受限于开展日常教学而不能开展独立的研究调查更浪费的事情了。美国学院制度实际上毁掉了很多人，这些人在工作中发现除教学工作外还有更多事情要做，有人因为这一点而过劳致死。这实际上摧毁了成千上万的人才。这些有才能的人如果有机会的话将很可能像德国教授对德国做出巨大贡献那样为美国做出更大贡献。除非我们认识到这一点并采取行动阻止浪费的继续，否则美国的高等教育机构将不能与其他国家的高等教育机构相比肩。我们还要认识到这方面仍存在一个问题，即许多高等教育机构要求一个人要在两个或两个以上关系不密切的院系工作。这对于希望踏实努力工作并获得成功的人来说，无疑是致命的。

接下来我要陈述一个与上述问题密切相关的浪费源头，即高等教育机构未能给教师提供足够的经济资助。为了解决这个问题，我们必须完成三件事：首先，向那些从事教学工作的教师支付更多的薪酬，从而避免他们因受生计所迫、竭尽全力平衡难以相抵的收支而造成的智识性浪费。其次，必须在教学设施上给予更大的扶持。许多时候，可能仅用100美元购置一些教学所需物品便能使教师的教学能力倍增，但缺少这些教学所需物品则会挫伤教师的积极性，甚至使教师失去全部的工作兴趣。最后，每所高等教育机构都要设立退休金制度，否则会造成难以计数的浪费。进行崇高的脑力劳动的条件之一就是内心安宁。如果一位教授发现（也有必要知道）自己一旦生病导致难以开展日常教学就会被世界抛弃、一无所有，或者自己行将就木时家人便会失去经济来源的话，他就不可能获得内心的安宁。从另一方面来说，他若知道不管发生什么自己都能维持生活，那么从中产生的满足感和心智上的愉悦感都会鼓励他更有力、有效地开展工作。

因此，我们在讨论经济节约时，实际上却犯了奢侈浪费的错误。这些浪费不是金钱所能弥补的，它是由过度工作以及担心物资短缺而导致的脑力浪费、创造性浪费。同样的，设立退休金制度后就不用再因为同情而留用那些该退休的工作人员，进而可以双重节约、杜绝浪费。

目前，我已经列举了高等教育机构运行中大部分产生浪费的因素。结尾处还要在高等教育机构本身造成的浪费上说几句。我想到的有三点：不必要的竞争、重复性教育工作所产生的浪费；以牺牲低年级教育工作的代价开展高年级教育工作所产生的浪费；佯称开展学院教育而不兑现所产生的浪费。我们几乎无须提及这些话题，因为每个对高等教育稍有思考的人都理解。

一个需要明确的事实是：我们虽然拥有很多学院，但只是建立起同一类学院而已，而非优质的学院。这将导致无谓的竞争，挫伤高等教育工作的积极性并导致浪费。这方面的例子我能列举上百个，不过仅用一个例子便足以说明。如有两所西部的州立大学通过降低学生录取标准，来吸引那些非州立学校的学生。不幸的是，这一举措取得了显著的成功。我们仔细分析这些所谓的高等教育机构可以发现，所有院校都建立在一样的方案基础之上，大都缺少充足的科学设备。不难看出这种重复性工作必将带来浪费。与此同时，一些较为重要的高等教育领域还未涉足。我们回想一下便会发现，几乎每所被称为学院或大学的高等教育机构都自认为有必要囊括所有人类知识领域，以至于每一个知识领域都未获得足够的重视。那么我们不禁要问：为什么那些有智慧的人会持续违背理性和天意，令崇高的高等教育事业蒙羞并受到指责呢？

这立即让我们联想到高等教育机构自身造成的第二种浪费，即以牺牲低年级教育工作为代价开展高年级的教育工作所产生的浪费。美国至少有200所学院和所谓的大学这样开展过工作。它们兼有预备学校和学院课程。假如预备学校有150名学生，那么大一大二年级有40名学生，大三大四年级有二三十名学生。院校收入主要是学生所缴的学费，从各个资源渠道将获得平均12000～14000美元的收入。为了保持学院之名，这笔收入要支付七八个年级的花费，即支付从预备学校到学院教育的花费。尽管大三大四年级的学生数量较少，班级规模小，学院也在开展这两个年级的教学工作上花费了和下面五六个年级一样的经费。虽然这类高等教育机构在大三大四学生的教学工作上使用了不成比例的花费，但显然也只能以肤浅的方式开展。因为它们大都缺少图书馆、实验室设备；选修课程的范围很狭窄；一名教师要在两三个，或四个截然不同的部门工作。不过，最重要的一个事实是，低年级学生支付的学费一直被用于学院后两年的肤浅教学上（目的是能被称为“学院”）；即便是做最低的估算，学院还是没有足够的收入来合理地开展低年级教学工作。这就是我认为的以牺牲低年级教育工作的代价开展高年级的教育工作，它是产生浪费的最大源头之一。这种状况并不仅仅局限于西部或南部各州。纽约州就不止一个这样的例子，宾夕法尼亚州、俄亥俄州、印第安纳州、伊利诺伊州和密歇根州也有很多。如果从低年级学生那里挪用的资金足以有效开展学院后两年的教学工作，那学院还能做一些辩解；但事实上，学院并没有成功地开展高年级教学工作，同时又导致低年级的教学工作未能切实有效地开展。那么这种浪费则意味着欺骗。

不过，我们可能都认识到，最严重、有害的浪费来源于那些佯称开展学院教育却未予以兑现的院校。我指的并不是那些建在大城市之中，向那些有能力且愿意购买文凭的人兜售学位的高等教育机构。这项交易还算诚实。每个人都知道自己在买什么，花多少钱买的。高等教育机构并没有在教学或教育上伪装自己，它们只是高价卖掉一纸文凭，现实中它们也有权开展这种交易。所以我认为这是一项公平、诚实的交易，没有欺诈，购买者也得到了自己想买的东西。这种交易不属于高等教育事务，而是拾荒者和收购者的关系。总而言之，这就是一项商业贸易。

然而，产生更为严重后果的一个例子是，一些高等教育机构以“学院”教育之名，欺骗那些不明真相的年轻人。这些高等教育机构给自己贴上学院教育的标签，实际上却并非如此。来自乡村或农场的学生成为受害者，而他们未曾料想自己会上当受骗。这样的高等教育机构在美国中部、西部和南部各州比比皆是。奇怪的是，通常欺骗学生导致浪费的都是宗教性高等教育机构。这些机构出于宗教自豪感而妄称为学院或大学，实际上连完备的文实中学都不是。这是一种巨大的浪费，不仅浪费了时间和精力，最严重的是浪费了学院的名声。

我该结束演讲了。开头我便说要在解决高等教育领域产生的浪费上提出简单的建议，不过目前为止，我只是罗列了一些问题而已。

如果规模较大的高等教育机构能开展合作，统一大学录取要求，高等教育和中等教育能开展合作去除产生浪费的弊端的话，那么大学预备教育中出现的很多浪费问题便能得到解决。这种合作必须以正式的方式开展，以确保收到成效。我们通过召开各种会议做出不疼不痒的决议是于事无补的，我们需要认真地开展系统性的工作来解决浪费问题。

针对高等教育机构外部机制——人为地分成四年制，每年学习九个月放假三个月，以及缺乏集中性所导致的浪费，我们可以通过取消这种传统的设置来解决。个人主义原则曾一度进入教育领域，而上述外部机制在个人主义原则开始被应用到教育领域之前便已投入使用，如今被证实是不切实际且有害的。埃利奥特（Eliot）校长建议允许学生在年中毕业便是如此，作为大学教育有机组成部分的暑期教育也是如此。在这些方面，我们只不过是摒弃了前辈们基于对高等教育的错误理解而设立的绝对分明且固定不变的界线，转而采用了德国大学使用的更为宽泛、自由的政策。

对于大学未能区别对待学生个体，未能运用合理的教学方式，尤其是未能合理地衔接学生的学习所带来的浪费，我们可以通过如下途径予以解决：规定高等教育管理人员的首要职责是像医生研究患者那样尽力地了解学生个体；杜绝聘用那些不具备教学能力的教师；教学需在一定程度上展示出大学各个院系工作之间的联系。

对于录取那些没有能力的学生、开展选修制，以及大学生校际流动所带来的浪费，我们可以通过如下途径予以解决：提前详细地了解每个学生的前期表现情况；认可学生的学习成果，对大二结束离开学院的学生进行规范，以使其体面离校；建立起更为有效的指导制度；完善高等教育机构之间的联系，从而互相认可彼此开展的教育工作。我们应该鼓励那些希望在至少两所高等教育机构中学习的高年级学生做好学习规划。在这点上德国的自由政策值得采用。

对于聘用不称职的教师、要求教师开展过多日常教学工作，而未能给予合理资助所带来的浪费，其解决措施很简单，即提供更多的资金。向各个院系分配更多的资金，从而得以配备合理的教学设备和必要数量的教师；向教师发放更多的薪水，从而使他们更好地服务大学；向退休基金分配更多的资金——我认为未设立退休金的学院或大学最多只算是半个高等教育机构。当前许多高等教育机构或许具有可以免除的事物或项目，并可借此大幅地减少浪费。

对于高等教育机构本身造成的浪费，首先，我们可以通过在每个州建立像纽约州立大学理事会这样的联盟，进而致力于解决全州的教育发展事务。其次，我们还可以通过把许多学院降格为文实中学或仅在大学预备教育外开展大一、大二教学的学院来解决这类浪费问题。这两个途径将取得几点重要成效：这意味着学院在高年级教学工作中浪费的资金可以更为彻底地运用到低年级教学工作中；学校卸下开办学院教育的伪装，变得更加真诚；本质上不适合大学高年级学习的学生可以在大二结束时顺理成章地、体面地离开校园；许多没有勇气攻读四年制课程的学生也会愿意在进入职场或职业学校前进入学院学习两年；可以胜任大学高年级学习的学生必然会进入大学，实现最有利的改变；居住在高等教育机构附近、有志于入读学院的学生可以留在家里，直至成长到更为成熟的状态。在当前这个充满诱惑的时代，我们正处于一个至关重要的机遇关口。

用六年制（包括文实中学或高中课程）取代当前的四年制（不包含预备教育）将触及当前高等教育发展中存在的最严重的问题。我对此并不悲观。我知道，且我们都知道，高等教育事业在过去十年里已经取得了重大的发展进步。我们现在正处于取得重大成果的前夕——其重大性在国内将史无前例。学院和大学的教育工作是全国发展进步的一个核心因素。因此，我们有责任在开展高等教育工作的过程中，以最少的浪费创造最大的成就。

五

教育的过去与未来[①]

① 1894年3月14日，于科罗拉多斯普林斯市的科罗拉多学院图书馆宣读。

有些人完全沉迷于过去，认为过去的思想和制度非常的神圣，以至于让其他思想和制度取代它们或与之并列都被认为是对它们的亵渎。

而有些人则完全沉迷于现代，认为过去并不值得学习，手头上的事情足以占用他们的精力。如果一个人可以心满意足地在明媚的正午阳光中工作，那么在黑暗的过去中摸索，或对充满不确定性的未来进行猜测就都是在浪费精力、时间，是无比愚蠢的。

同样，还有些人沉迷于未来。他们忽视或忘记过去，对当前所处的环境和周围的事物缺乏同情，却纵容自己毫无限制地去思考遥远的未来。他们说服自己，当下的困难可以留待思考。于是，没有过去死气沉沉的萦绕，没有当前焦虑的困扰，他们陶醉在对未来的憧憬之中。

但是，当今世界并没有认识到那些奋斗于过去、现在或将来的人身上所具有的真正气概。现代人，无论是学者还是工人，不管是政治家、商人还是教育者，都必须了解过去，联系现在，预见未来。了解过去是一种责任；联系现在是势在必行；持续地思考未来则会成为慰藉、灵感之源。每项事物的发展都有历史的渊源、当下的奋斗和未来的方向。对过去历史数据进行令人满意的统计并非易事；对当前的构成元素进行整合则更加困难；虽然未来具有很大的吸引力，但预测未来的发展方向却难上加难。

下面请大家和我一起思考几个教育元素，它们在过去的25年、50年里几乎不为人所知，当今却成为了教育的新趋势，并会对未来产生我们不敢想象的深远影响。

25年前，如果想考察图书馆的藏书量及其价值的话会发现，大多数高等教育机构，即便是最古老的高等教育机构图书馆的藏书量都不大，价值也不高。图书馆一旦落成，便会有教授时常出入，而几乎鲜有学生进出。图书馆大约每天对外开放一小时，每周开放三天。人们的理解是，成绩较为优异的学生没有时间阅读，只有那些对教科书不感兴趣、“学得不好”的学生才有时间到图书馆进行阅读。人们认为这种阅读是一种消遣，通过阅读其他有关教材主题的书籍而受益应该遭到嘲笑。这类阅读被认为是分散注意力的。若图书馆一年能增加100本藏书就已经不得了了。鲜有人光顾的图书馆是个偏僻之地，没有其他用途。图书馆里也没有图书管理员。缘何如此？因为传统的观点认为，任何员工都可以承担图书管理员的工作，且不会给本职工作增加多少负担。这种说法夸张吗？在此我可以提供一个证据：纽伯瑞图书馆（Newberry Library）已故的图书管理员威廉·普尔（William Frederick Poole）在去世前几个月的一次演讲中提到：

> 对于那些三四十年前或更久之前毕业的学生来说，除了教材之外，图书在教育领域并没有什么地位。图书从未在课堂上被教师引用、推荐或提及过。我认为，从当时学生的角度来说，耶鲁学院图书馆（Yale College Library）设在纽黑文（New Haven）与设在韦瑟斯菲尔德（Weathersfield）或布里奇波特（Bridgeport）是一样的。

哈佛大学和耶鲁大学直到最近才聘用了一名全职的图书管理员来负责管理图书馆。如今我们在各个地区名列前茅的高等教育机构中也会发现，还存在着和普尔描述的三四十年前耶鲁学院的图书馆一样的状况。据我所知，有一所学院有150名学生注册入学，每年也有些学生毕业，但该学院居然只在一个10乘12平方英尺（1平方英尺约等于0.09平方米——编者注），被称为图书馆的房间里有不到250本藏书！为了找到人类文明最初的发源地，我们必须去非洲的核心地带。不过要找到教育的过去，只需回望过去的图书馆。

社会的发展阶段必然是由最高而非最低层次的研究水平决定的，教育的传统很重要，新趋势也不断涌现。当今，一所学院最主要的建筑便是令其最为自豪的图书馆。整齐的书架用来存储图书，阅览室用来放置参考书，办公室用来投递图书，小房间用来研讨，图书馆成为整个高等教育机构活动的中心。图书馆的负责人常常是最有学问的，很多时候也是最有影响力的教职工之一。他有时候会做文献学的讲座，或开展关于图书使用的课堂教学活动。现在同一所高等教育机构的管理人员比30年前全部教职工的总数还要多，图书馆藏量持续每年增加3000本、5000本、10000本甚至20000本，每个院系的期刊文献也进行归档保存，图书馆昼夜开放。如今，不能自己购买所需书籍的学生和教授都会花大把时间泡在图书馆里。这是我们在过去很难想象到的重大变化。

请大家允许我谈一谈图书馆的未来发展。每个高等教育机构除了拥有一座综合性图书馆外，每个院系或每一类紧密相关的院系都将拥有自己的独立图书馆，这个时代正要到来，事实上已经到来了。这种独立图书馆会配备该院系最常用的专业图书和图表。院系独立图书馆如今已成为几所高等教育机构的发展特色，并将会在全国各处建立起来。它不仅仅向高年级的学生开放，也向低年级的学生开放。诚然，管理费用和丢书的风险是很大的，但图书馆的好处很多，足以弥补支出的成本。学生们不是在学习便是在阅读的时代即将到来。普通学生买不起上百本需要随时参阅的书。而且就像一位可能拥有成千上万本藏书的学者在开展高水平工作时仍须去欧洲图书馆寻找图书资源一样，拥有数百本藏书的大学生也需要去所在大学的院系图书馆学习。资料室并不能满足学生的需求，因为其中通常只有普通读物。理想的学习之所应是：无须热心的图书管理员的帮助，学生们便可以轻易获得上万本想用的书籍。在上述引用过的那篇演讲中，普尔先生还说道：

> 没有一所所谓大学（即霍普金斯大学、耶鲁大学、哈佛大学、康奈尔大学和密歇根大学）的机构达到了拥有文献学教授这么高的水准，不过它们都在朝这个方向发展。

有人会见证大学重要院系拥有文献学和方法学教授的那一天的到来。这些教授将传授关于图书的知识，以及如何使用图书。目前，许多已经从优秀学院毕业的学生都不能在开展神学或研究生课程的学习中很好地使用图书，这令人惋惜。他们什么也找不到，也不知道该如何去找到想要的书。没有什么能比对大学生开展图书使用相关培训更重要、有用的了。为什么有那么多大学生在离开大学后放弃了阅读？因为他们在大学里从来没有学会如何使用图书。除非有专门的工作人员来指导学生如何使用图书，而非只是照看图书和进行归类，否则图书馆将永远不会是完整的。

未来的图书馆还将拥有另一个功能。图书馆将不仅仅是一个图书代收机构、存储室，还将是一个出版发行机构。看起来我是在混淆两个不同机构的工作，实际上不然。未来对全人类产生深远影响的出版物将是那些受到资助的出版物。目前，国内的出版社只发售那些有经济收益的著作，每个院系出版的科学著作都需要依赖私人对大学的资助。因此，大学出版社将会是大学图书馆的一部分，可以预见，图书馆的影响力和实力将会通过出版社得到大幅度的提升。50年前，图书馆在学院和大学发展中鲜为人知；如今已然成为高等教育机构的智识活动中心；再过半个世纪，图书馆将会与其50年前同样鲜为人知的姊妹机构——实验室一样，通过不断的发展成为大学的一个重要组成部分。

大学还包含前面提及的实验室。可以说，过去是没有实验室的，因为实验室是一个完全现代性的机构。20至25年前从学院毕业的人几乎都不知道实验室是什么。图书馆在大学里还曾拥有极小的存在感，而实验室则是毫无存在感的。

稍微追溯德国大学的发展史就会发现其与美国大学有过一样的情况。在此我要引用伊拉·雷姆森（Ira M. Remsen）教授做过的演讲：

> 著名的化学家李比希（Liebig）曾提及1820年德国的化学教学："当时德国的化学发展十分可怜。大部分大学都没有专设化学教职。化学教学主要由医学教授负责；医学教授将自己知之甚少的内容，连同毒理学、药理学、药物学、临床医学等学科一起教。"针对大学中化学教学的设施配备，他指出："我记得在马尔堡大学（Marburg University）拥有化学教席的沃泽（Wurze）教授向我展示了一个木质的抽屉，里面有他生产出来的水银，生产周期为三个月。他拥有一套生产设备，主要包含一个长长的陶泥管杆，通过把管杆置于烧红的木炭上，让气体经过后进行转化。当时并不存在可以用来开展化学分析教学的化学实验室。化学实验室更像是厨房，里面有各种各样的火炉、器具用于冶金。没有人真正懂得如何教化学。"

后来，李比希在吉森大学（Giessen）被任命为化学教授，建立了第一个化学实验室。对于李比希建立的学派，雷姆森指出：

> 李比希学派的创建不仅在化学发展史上开创了一个新纪元，也在科学史上开创了一个新时代……人们将李比希的科学方法传播开来，改变了事物发展的各个方面。李比希学派对每个知识领域都产生了影响。研究方法发生改变，每个领域都采用科学的方法。实验室使全世界深刻地认识到一个真理：了解任何事物，仅仅站在远处思考是不够的，我们还要尽可能密切地接触它。传统的哲学家尝试解决问题的方法是，坐下来思考。他们依赖大脑构建出一个学说。其中许多关于自然现象的学说，都远远超越已知的事实，并常常与后来发现的事实完全相悖。思维不受现实的束缚，使得学说迅速发展。当时是一个思维活动的时代。美好的想法显然被视为比知识更具有优越性。现在，我们未学会少思考美好的想法或少考虑一些思维过程，但我们学会了多思考现实，并让现实指导我们美好的想法。

如今，半个世纪前还不为人所知的实验室已和图书馆一样占有重要地位。可以说，实验室的地位已经超过了图书馆的地位。高等教育机构仅有一个图书馆，但有的学校却有几个实验室。但即便设立在较好的高等教育机构里，现有的实验室都还没有达到其应有的样子。无论如何，实验室的发展阶段是由最好的实验室的发展决定的。一个典型的实验室虽不总是独占一栋建筑，也已在每个自然科学院系中设立，如物理、化学、地质矿物学、动物学、古生物学、解剖学、生理学、人类学等院系。每个实验室的建筑费用、设备费用都会超过过去整个学院的建设费用的总和。

运行每个实验室的费用（不含人员薪水）都大于过去所有科学院系的总运行费用。迄今为止，我们取得的进步几乎都来自物理实验室、化学实验室，以及天文台。当下的发展已使过去相形见绌。仅仅在几年前，18英寸的望远镜还很少见，但如今我们在利克天文台（Lick Observatory）已拥有了36英寸的望远镜，在叶凯士天文台（Yerkes Observatory）已拥有了40英寸的望远镜。

未来发展最快的将会是生物实验室。生物实验室的发展对我们这个国家而言，将会是巨大的利好。真正打算开展动物学研究的高等教育机构将会设立这样的实验室，其中包括：(1) 一间水族馆室，足以放置20个以上的水族箱；(2) 一个科学工作专用而不向公众开放的动物学花园，配有供水生动物活动的池塘和供鸟类、陆地动物活动的足够空间；(3) 一间博物馆室，配备胚胎学、解剖学、组织学方面的设施，以及动物世界的最重要标本，用来在教室和讲座上展示；(4) 一间图书室，用来放置资料，如期刊、协会和学会的会议记录、动物学记录、评论、报告、参考资料、指南、图表等；(5) 一间阅览室，用来放置当前的出版物、文献；(6) 大型实验室，用于胚胎学、比较解剖学、比较组织学和普通生物学实验；(7) 私人实验室，供教师进行科研工作；(8) 大大小小的讲座教室。这样的实验室应该在附近的湖泊或河流边设立一个淡水站作为附属建筑，也应设立一个用于实验工作的海洋站，使师生偶尔能研究海洋生物并开展教学。缺少上述任何一点都难以联合不同的科学领域以处理不同的问题。

生理学实验室的未来发展将会令人惊叹，我在此指的并不是医学院的工作。生理学实验室将配备如下设施：(1) 与动物学实验室一样的恒温室，且配有水族馆，可用于观察气候变化对动物形态特征的影响；(2) 与动物学实验室一样的一个周围带有小池塘的花园，任意时间都可以从中获得必要的动植物材料，可以在自然状态条件下饲养动物、开展观察；（3）考虑到电流被加尔瓦尼[①]（Luigi Galvani，1737—1798）发现后在生理学各项工作上都起到了重要作用，一部分实验室将不使用铁作为建筑材料，使其可以用于电生理学的研究；（4）专用光学室，配备各种光学设备；（5）一间专用房间，配有全部声学、语音学设备，用以分析音质；（6）呼吸生理学至关重要，因此应设置气体分析室，配备不同的设备来检测空气的释放量和吸收量；（7）详细规定生理学经济、立法问题的解决方案，如人或动物在不同的工作形式中耗费的动物有机物质数量；（8）生理化学是生理学的一个重大分支，需要配备化学实验室中的全部设备；（9）摄影非常重要，因此配备摄影装备的摄影室也应该设立起来；（10）此外，生理学实验室要供电充足。讲座教室可以随时控制变暗。预备室、班级实验室、私人实验室、储藏室、图书室以及阅览室等都是必备的。除去建筑和普通设备，生理学实验室的设施起步便会耗资巨大，每年的运行费用也要耗资约5000美元。尽管如此，这样的实验室是必须建立的，而且在我们这个时代必将会大量建立起来。这是一个新的教育发展趋势。

我们过去多年以来学习的心理学或许都是最简单的，使用的教材也十分单一。除了8～10所院校外，全国的学院和大学在心理学教学上仍采用简单的方式。然而，我们在寻找解决心理学问题的方案上似乎需要沿用实验方法，并结合几何物理学、生理学、神经学和体质人类学等学科进行研究。心理学不再是以往那样简单的学科，如今已成为最具复合性的科学之一。为了促进心

① 意大利解剖医学家及物理学家，电流发现人。——译者注

理学的发展，心理学实验室几乎需要生理学实验室所需的全部设施，甚至更多。“比较”一词在很大程度上颠覆了世界啊！我们当前有比较解剖学、比较心理学、比较文学，以及比较哲学。我认为在比较心理学上，还要涉及活体动物，用以在不同的环境状态下开展必要的研究。

上述实验室的落成有一部分已经实现，大部分将在未来实现。我还想谈一下古典实验室。未来落成古典实验室时或许会采用一个新名字，不过现在用“实验室”已足矣。实际上在此使用“实验室”恰恰能表达我的认识。我所指的古典实验室是一座适合开展古典文化教学的建筑，或者还可以开展现代语言教学，以及相关的研究调查工作，与化学、生理学和动物学实验一样可以开展相关领域的调查研究。那么古典实验室具有哪些特征呢？（1）配有联系紧密的院系图书馆系统，为每名学生都配备一套小书柜和学习桌椅。化学系的学生每人都有一套桌椅，为什么古典系的学生就不该有呢？（2）配有教师私人研究室。每名化学实验室的教师都有私人实验室，那么古典实验室里的教师同样也该拥有私人实验室。这是必要的，不仅可以使教师接近那些专注特定研究的学生，且能避免普通阅览室中的干扰。（3）配有一间研讨室，内含关于特定主题的书籍、地图和照片。（4）为了给学生提供赏心悦目的学习环境，为了使他们所处的古典建筑充满希腊和罗马的形式感和美感，其所处的古典建筑的房间或两翼将围绕博物馆而建。当然，博物馆本身就配有研讨室和办公室，以及可以放置任何教学设备的讲座教室。毫无疑问，具有代表性的设备、照片和地图将被放置在学生可以进入的房间，从而使他们无论走到哪里都能看到这些事物在古代生活中所扮演的重要角色。每个院系都有专门的藏品，包括雕塑、建筑插图。古典实验室里还应设有学生阅览室，提供最好的报纸和杂志，以及相关主题的现代文学书籍。

配备上述设施的古典实验室的确是当今所需。然而，人们一直以为一间诵读室，或一间诵读室加一座小型的图书室就能满足古典系学生的全部所需。这是错误的，未来将会予以更正。我以古典实验室为例强调了我的观点，同时，我也不会忽视建立社会学实验室的必要性，社会学实验室也必将建立起来。

我所提及的图书馆、实验室以及二者的设施装备，通常被看作教育工作的外部因素。这其实是不对的，当我们意识到教育工作的方法、精神主要取决于这些外部因素时，便会将这些外部因素视为内部因素的一部分。50年前，图书馆和实验室的缺失在很大程度上决定了当时教育工作的特征；如今，图书馆和实验室的出现改变了整个教育工作的生态和未来的发展方向。我们的子孙后代会见证那些我们甚至连做梦都不敢想的成就的达成。教育变革影响的不仅仅是教与学的方法。上述教育变革已然发生，因为图书馆与实验室的使用对每一门大学科目都至关重要。

高等教育机构发生的最大变化体现在使用图书馆和实验室所产生的效果上。我们开始看到教育机制的运转正在浪费宝贵的时间；一直开展的教育工作普遍存在松懈性，明显缺乏严谨性、系统性，如能系统性地开展教育则会使效率提高一倍，为每名学生节省2～4年的时间，并确立严谨的原则，从而变革政治学、商学和文学教育开展的方式。

我确信之所以能发现院校工作中存在问题，是因为图书馆和实验室为我们带来了新的教育方法。而且，我认为高等教育未来发展的基础、解决问题的方法和原则，都将源于图书馆和实验室。

六

西部高等教育发展对东部的依赖[①]

① 1901年10月21日宣读于耶鲁大学200周年纪念会。

历史上众所周知的“西部地区”（Westland）的概念一直在发展变化之中。穿越古老的阿拉伯沙漠，数个世纪的人口流动已使得闪米特民族的后代广泛分布在各地，富饶的尼罗河谷成为了第一个西部地区。随后肥沃的底格里斯河（Tigris）和幼发拉底河（Euphrates）两河流域也成为了西部地区。尽管它们在北部方位，但实际上人口的发展流动及通向海洋的路径是向西的。几个世纪后，巴勒斯坦（Palestine）这个被古巴比伦国王称为“西部地区”的地方，成为人们移居的国度。喜欢海洋的腓尼基人（Phoenicians）和后来的罗马人，也推动了文明向西的发展，直到大西洋东部海岸成为世界发展的边界和中心。

近代的“西部地区”概念再次发生变化，转移到新大陆。西部地区起初指在大西洋的西海岸，与内陆接壤的地区（200年前，耶鲁学院还是一所西部高等教育机构），不久后指密西西比河流域广袤的中部地区。作为今天的西部地区，密西西比河流域与落基山脉及其以西的远西地区，代表着西进发展的最后涉足之地。如今站在太平洋沿岸，面向落日，我们看到的则不再是西部地区，而是东方。向西发展的时代已经终结。

无论从哪里区分，过去的西部与现在的西部自然都各具特色。各个时代的向西推进发展都具有明显的独特性。向西推进发展意味着缓解疆域拥挤的压力，脱离因袭主义的束缚，免于受到传统主义的严格限制；为那些反复尝试或没有机会尝试的人提供努力的机会；还鼓励人们发展新型活动，用新的方式开展传统的活动；激励人们去做看似不可能的，未做过的事。此外，向西推进发展还为世界各方提供了竞争的场所。这些竞争往往是传统列强之间的，先进文明和野蛮之间的，还有新思想和现有思想之间的。向西发展一直是民主理念发展的源泉，西部地区的人们更崇尚平等，更展现出真实的博爱精神。

在整个向西发展的过程中，西部一直受惠于东部。有时西部受到东部的恩惠巨大，几乎都难以适应当地的发展了。尽管西部地区对东部有所回馈，也难以抵消它从东部获得的巨大恩惠。东部坚定顽强的精神引领着西部为自由和解脱而努力斗争。一旦西部地区不再从东部地区汲取这些精神，它就不再是东部的西部地区了。东部保守的高等教育机构及思想一次又一次地将西部失败的激进运动、冒险变得成功。因为东部，西部和远西地区的人们追求和平安定，远离斗争和痛苦的冲突。数百年来，高雅、真正的文化教育精神从东部发展而来，人们或早或晚地发现这些精神是发展真正民主生活所必需的——真正民主生活的最高目标是服务那些追求民主的人。

简言之，东部培育了西部，慷慨地向西部输送物质能量，使其稳定、规范地发展，不论是否愿意，西部都要接受东部标准的严格评判。

我认为，上述论断总体上可以准确地概括东西部地区之间的关系，尤其是东西部高等教育机构之间的关系。西部的院校难以估算自己从东部高等教育机构获得了多少恩惠，其中从耶鲁大学获得的最多。今天，西部众多能人代表前来祝贺耶鲁大学建校200周年。两个世纪以来，耶鲁大学一直是力量和灵感的源泉，是向整个西部地区传送佳音的信使。西部和远西地区的各州、地区都深受耶鲁大学的影响。耶鲁大学通过其忠诚的后人，比东部其他高等教育机构更为紧密地追随文明西进的步伐，跨过河流、踏过草原、穿过丛林。

西部地区遍布耶鲁大学后人创建的高等教育机构，几乎没有一所高校的教职员工中不包含耶鲁大学的后人。所有这些高校都向耶鲁大学发来祝贺。我也从西部受到各州帮助而建立的大学带来了祝贺。对于这些高等教育机构来说，西部地区教育中所呈现的最为崇高、无私的民主精神，都主要归功于耶鲁大学。耶鲁大学通过让其校友担任西部地区高等教育机构的教授、管理者，充分地分享了自己的工作理念。

西部的学院和大学一致向耶鲁大学的校长、法人及教职工表达祝贺，感谢耶鲁大学为全人类做出的贡献，并一致向耶鲁大学表示最强烈、真挚的祝愿，祈盼其持续繁荣发展，继续为人类做出不可估量的伟大贡献。

七

西部高等教育的发展状况[①]

① 1902年10月21日，在E·J·詹姆斯教授就任西北大学（Northwestern University）校长的就职典礼上宣读。

当前，对过去一二十年高等教育领域发展变化的观察和评述并不少见，其中不乏大量涉及高等教育机构数量、范围、效率方面的增长，以及高等教育机构课程主题、工作方式调整变化的内容。这让我们觉得，当今的教育不仅在高等教育领域，在初等和中等教育领域也已经发展得跟以前大不相同了。但我更倾向于认为教育领域的发展变化其实是形式上的而非本质上的。不论教育领域的前辈们采用何种方法，我们当今获得的教育成果可能和前辈们获得的成果是一样的。教育领域如此，宗教领域亦是如此。即便是最严格的宗派主义者，也不再认为通向天堂只有一条路径。教育工作者也有必要铭记，形式训练只是多种教育形式之一，要根据不同的个体、不同的个性气质、不同的地理位置或不同的社会环境采取不同的教学方法。“条条大道通罗马”，我们实际上也应使用不同的课程、学习计划和教学方法。

在众多有关教育调整变化、教育政策差异方面的言论中，有一些问题值得特别关注：东部高等教育机构是否有哪些方面是西部高等教育机构所没有的？西部的高等教育机构又是否有东部高等教育机构所没有的发展特征？东西部差异是否催生出了不同的教育类型？我们知道，许多西部地区的人会到东部高等教育机构中深造，少量的东部学生会到西部地区求学。同样的，东部高等教育机构里有许多出生在西部并具有西部精神的教职工，西部高等教育机构里有更多出生在东部并在东部接受教育的教职工。我应该补充说明的是，我所提出的问题更关乎学院的工作生活，而非大学的工作生活。

西部的学院生活比东部的学院生活更为现代吗？有些人这么认为。我们的学院生活总体上来说还保留着大量的中世纪特征。具体表现是学生享有普通市民所没有的权利、特权，学生和普通市民享受不同的待遇，遵循不同的行为准则。也正是基于这种中世纪学院的特征，刚入校的新生必然会受到戏弄，警察当局也不会对大学校园实行管控，有些学生会在剧院里进行恶作剧，令人生厌，他们因为是学生而“享有”搞破坏的“特权”。那些鼓励学生认为自己优越，或认为自己处于更高的阶层的想法都是中世纪思想的残余。许多人告诉我们，这种特征或多或少地存在于东部学院，而在西部学院中则基本不存在。根据中世纪的习俗，教职工是政府官员，比学生更具有权威。由于这种权威，师生之间总是处于对峙之中。较为现代的观念则认为师生是共同追求知识的朋友，年轻人接受年长者的指导，学生之间、师生之间都是志同道合的朋友关系。这使得师生之间形成了前所未有的亲密关系。许多人认为，这种密切的师生关系在西部比在东部更为常见。如果上述观点说得通的话，我们或许可以肯定地说支配西部学院生活、工作的理念比东部普遍存在的理念更为现代。乍一看，中世纪大学似乎比现代大学呈现出更高的理念，通过入读学院而具有更高阶层的专项特权无疑是学生满足感的一个来源，但这并不符合现代民主精神。不管上层成员之间的民主精神发展得多么完善，只要该阶层之外的人没有表现出民主精神，那就是虚假的民主，不应该加以推广普及。

此外，学生群体对教师也仅仅是对更高权威的服从，且这种权威所施加的监管远比所需的严格，这反而保留了学生群体本来可以享有的权利。就这一点而言，我认为只要是学生群体试图去维护的特权，无论手段正当与否，都应该由他们享有。否则，学生对教师的服从便充满了可悲和伤害，蕴含着当前被称为“中世纪主义”的意味，明显与现代发展相悖。

进一步地说，东部学院中普遍存在的将男生女生分别置于不同的院校的行为无疑是传统的而非现代的。从这点来说，西部高等教育机构中广泛采用的男女合校则比东部向前迈进了一大步。就教育政策的发展成果而言，西部当前采取的男女合校政策比东部的分校政策更加先进。如果让我来形容这种每个高等教育机构都向男生、女生打开大门的精神的话，我想用“非常现代化”来形容。这种精神与修道院式的传统精神形成了极大的反差。我相信教育发展进步的演化原则，我坚信在男女合校之后教育还会有更进一步的发展，如学院生活中男生和女生的亲密关系，以及让男生和女生在同一所高等教育机构享有对等的权利等。西部在上述这些方面都比东部更为现代。

西部高等教育机构的精神是否比东部的更自然、具有更少的人为因素？我刚才的叙述已经给出了答案。诚然，平等对待学生和文明社会中的其他成员，不因学生身份而赋予其任何特权的观念更自然、更现代。我们或许可以说，师生之间兄弟般友好的关系要比严格的官僚主义更自然。同样地，我们还可以说男女合校政策要比分校政策更自然且较少具有人为性。西部学院中学生的生活更自然，他们可以避免花费大量资金。在纽约西部和宾夕法尼亚西部的高等教育机构里，学生的年支出达到1000美元是少见的。而在东部的高等教育机构中，尤其是在规模较大的院校里，年支出少于800到1000美元的学生则是少见的。仅这一事实就呈现出两种不同的生活方式。我们不能说东部学生花费多，得到的收益也多。支出金额的差异代表着不同的个人品位和生活习惯，而过大的花销是有害的。

迄今为止，学院、大学和中等学校（含文实学校）之间的关系似乎也是人为的而非自然的。将考试作为入读学院的基础，不断地提高入学要求，且直到今天都截然地区分学院和中等学校的教育工作，这都是人为的。这种区分既无逻辑，也不符合教育学规律。令人欣慰的是，西部的影响已经在东部得到清晰的反映。其中，打破新英格兰学院和大学的排他性最具有意义。只要这种排他性仍持续存在，东部高等教育机构便存在更多的人为因素。上述内容或许可以总结为一句话：西部高等教育机构在学生生活、与低层教育机构关系，以及与大众的关系上更为民主。不可否认，这与建立州立大学有关。对于高等教育事业来说，州立大学在推动打破阶层区分的进程中作用明显。这些由大众支持、公共资金直接扶持的高等教育机构，对那些由私人基金建立起来的高等教育机构产生了很大的影响。大量州立大学的建立，如在新英格兰中心地带的密歇根大学、威斯康星大学、伊利诺伊大学的建立将会彻底地改变它们所在地区的高等教育发展进程。这些更为民主的大学的存在充分证明了西部比东部在高等教育发展上带有更少的人为因素。

由此引出第三个问题：西部高等教育是否比东部高等教育更重视实用性？上述的很多内容都可以归结到这个问题之中，因为哪个地区的高等教育更现代、更自然也就可以被认为是更实用的。至于“实用”一词，我指的并不是“功利”，尽管我们也要全面地考虑教育的“功利”价值。西部学生的学习往往更实用，他们常常在心中设定一个确定的、切实可行的目标，意在有所成。西部高等教育机构里很少有学生入读学院仅仅是因为学习学院课程是一种潮流趋势，或其父辈曾学过这类课程，或不易找到更好的途径来打发几年的时光。换句话说，西部学生入读学院是因为他们认为，学院教育可以增加他们在生活中的选择机会。这并不意味着西部的学生仅仅选修那些与职业相关的科目，尽管这种情况也可能是存在的。这意味着西部学生的学习是具有明确规划的，是受到取得特定成果的强烈目的支配的，且在大多数情况下，按计划执行这一目的是要学生自己或其资助者付出一定代价的。学生的目的明确，故而使其学习弥漫着实用的色彩。从另一个事实也可以看出这一点：西部的高等教育机构更早、更为明确地认识到，学院教育或许可以将与生活紧密相关的事物和与生活关联较少的科目结合起来共同开展。当前的一个重大的发展趋势是专业培训和学院教育的同时进行，这在西部表现得尤为突出。我的观点可以从哈佛大学至今才开设技术入门这一课程，以及25年来耶鲁和谢菲尔德之间仍存在谜一样的鸿沟这两个事实得到证明。州立大学在这一点上已成为领军者。州立大学过去和现在都在开展先锋性的工作，因为更贴近人们关心的事物，所以是更具有实用性的；州立大学的工作对全国高等教育产生了深远的影响，证明较为实用的高等教育是有效的。

从上述内容发展出最后一个问题：西部高等教育机构的学生对待生活、学习比东部的学生更认真吗？如果答案是肯定的，这或许会使东部的学院受到不公正的批评，因为谁能否认是哈佛大学、霍普金斯大学、耶鲁大学、布朗大学、阿默斯特学院和威廉姆斯学院等知名院校为西部供给了大学理念和教师资源这一事实呢？无论过去还是现在，杰出、有效的高等教育机构都为美国的繁荣做出了巨大的贡献。但最后一个问题并不是我提出的。在过去三个月里，有七所学院、大学的教授或校长向我提出了这个问题：如果西部的教育更现代、更自然且更实用的话，那么西部的学生对待学习是否也应该更认真？正如东部高等教育机构的代表所言，较为大型的学院，偶尔也有一些较为小型的学院，已经不再是适合学生学习的场所了，实际上也不再是一个正规的学习场所了。这种论断正确吗？东部学院已经发生了变化，学院里学生认真学习不再受到认可，或与不安恐慌相比，认真学习在学院里是微不足道的。这种论断正确吗？东部高等教育领域中的部分知名人士是否已经认真地关注到这一问题，并至少能从西部高等教育对东部与日俱增的影响中找到答案？我知道提出这些问题并予以肯定回复的人中就有一些是东部的教育学家。在这一点上，他们心中充满了强烈的忧虑。

无论如何评价东部高等教育，都不会有人说西部高等教育机构中的学生不具备其他地方学生认真学习的精神，这是一种贫困也不能打倒的精神，一种史无前例地投身生活、致力于生活和生活理想的崇高精神。我并不是说东部不存在这样的精神，不然就是在掩盖那些众所周知的真相。我在此只是复述那些东部教育学家指出的现象，即西部高等教育机构中认真学习的精神比东部高等教育机构中更为普遍。

八

霍普金斯大学的贡献[①]

① 1903年2月22日于霍普金斯大学25周年庆上的演讲。

我们近日来不仅仅是在庆祝霍普金斯大学的25周年校庆，庆祝这所杰出大学四分之一世纪中创造的卓越成就，还是在庆祝美国大学教育第一个发展阶段的结束。

在美国大学的第一个发展阶段，大学的理念得以被引入、实施。这距离现在并不远。美国在内战之前没有大学，也没有大型的学院。而在不到30年间，名副其实的大学出现了。旧式的高等教育机构也变革了学校的性质，更名为大学。换言之，大学的理念已经毫无疑问地建立在一个坚实的基础之上了。

美国大学的第一个发展阶段见证了学院和大学之间开始出现实质性差异。一些包含学院工作的大学已与学院明确地区分开来。一些学院也认识到自己的未来取决于能否继续办好学院教育，而非尝试转型为大学。有一些高等教育机构仍未认识到要对学院和大学加以区分，还像开展大学工作一样开展学院工作，或还像开展学院工作那样开展大学工作。但更多的教育机构认识到了区分的重要性。区分学院和大学的工作正如我们预料的那样迅速推进，这对于大学教育的未来发展意义重大。

美国大学的第一个发展阶段还见证了大学对学术研究工作认可度的提升。以前，教学工作占去了教授几乎全部的精力。现在，虽然大部分高等教育机构仍然要求那些非常具有研究能力的人从事繁重的教学工作，但与30年前相比，当今的情况已大不相同！如果今天威廉·惠特尼（William Dwight Whitney）还健在，他应不用再为了生计被迫教授工程学专业的学生法语和德语。因为一度不被认可的科研精神已成为了当前的主流，培养科研精神的机会比比皆是。

美国大学第一个发展阶段的结束还预示着第二个发展阶段即将到来。近来发生了几项重大事件：向研究型高等教育机构直接投资数百万美元；在大西洋沿岸、密西西比河河畔以及太平洋沿岸建立起科研基地；大学中的科研人员取得多项科研成果，并因此声名鹊起；霍普金斯大学取得卓越成就。这些事件都证明了我们多年努力探讨的崇高教育理念已经发展成熟，我们相信东部、西部以及远西地区都已准备好进入下一个新的发展阶段。

大学教育是我们共同的信念，两年内全美14所领军大学联合建立了一个高等教育协会，一起研究诸如学院工作和大学工作的区别等问题。这让我有信心对美国大学的第二个发展阶段进行预测。

美国大学的第二个发展阶段会有更为强劲的发展。如今我们已经看到年支出100万美元的大学能实现的成就。在第二个发展阶段，将会出现年支出在1000万美元左右的大学。大学不仅会发展壮大，也会在各个方面进行改组、优化。

此外，学院教育和大学教育之间的分化会进一步加大。大学从事的更高层次的工作与学院从事的基础工作会更明显地区分开来。许多学院从事的工作将更具有鲜明的学院特色；许多中学也会升级为学院，享有学院地位。进一步来说，各个高等教育机构内部会对工作进行细分，一些院系承担一类工作，而另一些院系承担其他类工作。只有少数几个院系会尝试涵盖全部领域，专业化原则会运用到众多高等教育机构之中。

在这个新的发展阶段，美国大学的工作也会得到更多的认可。尽管美国的学生往往认为到欧洲留学更具有优势，但我们可以预见随着美国大学的发展，欧洲学生来美国大学居住学习的时代即将到来。

此外，大学的工作及其理念也会融入全国的经济、政治、文化等领域之中。与全世界隔离的传统观念正在迅速消失，新的时代已经到来，大学将使用一些人类未曾尝试的手段，在那些迄今不为人知的领域开展伟大的工作。

霍普金斯大学在过去30多年美国大学的发展中一直都起着主导性作用。霍普金斯大学的创始人秉持的理念、教授做出的贡献、校友所做的工作，是促进美国大学发展的主要因素。

在美国大学发展的第一个阶段，霍普金斯大学一直起着引领作用，其取得的成就令我们大为受益，并推动我们怀着更高的使命迈进新的发展阶段。此时此刻，我代表西部、远西地区众多的大学向霍普金斯大学致敬，是你们学人的加入使这些大学变得强大，是你们的理念鼓舞、激励它们不断发展进步。

九

城市大学[1]

① 1902年4月19日宣读于尼古拉斯·巴特勒（Nicholas Murray Butler）教授就任哥伦比亚大学（Columbia University）校长仪式。

或早或晚，每个机构都会做出调整与改变，以顺应时代的发展。教育机构也是如此，其中高等教育机构更为明显。事实上，以哈佛大学成立为起点的美国高等教育发展史就是一段美国文明成长、发展的历史。高等教育机构的发展体现了美国在各个时期和阶段的发展。例如，100多年前在新英格兰地区拔地而起的学院，现在遍布于西部各州；州立大学，可以说是过去半个世纪的产物；技术学院，最近几年来不断发展壮大，与大学并驾齐驱，或成为大学的一个组成部分；严格意义上的大学是过去20年的产物。今天我们来到的哥伦比亚大学的发展特征恰恰展示了当前教育机构发展的最新阶段。

近年来，社会的集中化发展趋势在大城市里表现得最为明显。这种发展趋势在日常生活及生活场所中也随处可见。在过去的25年里，集中化被认为是许多事物最为明显的发展特征。

一切都表明集中化的趋势在加强而非减弱。50年前拥有10万居民的城市，如今多半已发展成了拥有百万人口的大城市，50年后这些城市会变成什么样，无人能知。随着人口的集聚，许多人发出批评的声音，抱怨失去了很多生活中的美好。不过，从人力的聚集和其引起的竞争加剧来看，益处是大于害处的。

随着大城市的形成，人口的聚集，形形色色的教育机构也陆续出现以适应新的环境。一个有两三百万居民的城市与一个有五六十万居民的城市所需要建立的学校体系是完全不同的。随着交通方式和沟通方式的发展变化，现代化大城市中学校的运行模式和50年前也是大相径庭的。

高等教育领域也是如此。一所大学会根据所在城市的发展状况进行调整，成为城市文明的一种表现形式，以契合城市发展的需求，将自己与位于乡村或小城市的大学区分开来。这类院校会逐渐在内在外在都呈现出新的特点，并最终成为一种新型的大学。

目前在美国，有三四个大城市建立起了这样的城市大学。这些大学与欧洲中心城市的三四所大学是一类的，它们会遇到一些小型城市的大学根本不会遇到的问题，这些问题与学生的生活息息相关：要照顾到成千上万名学生，而非数百名；要管理好数百万美元的经费，而非几万几千美元；要安排数百名职工的工作，而非几十名。许多新的问题出现，还有许多旧问题也以完全不同的形式继续存在。如男女合校对于一所位于乡村地区、拥有两三百名学生的院校来说是一回事，对于一所位于小型城市、拥有1000名学生的院校来说是另一回事，对于一所位于有一两百万人口的大型中心城市、拥有三四千名学生的院校来说又是另一回事了。学生的生活水平发生了变化，生活方式也会大不相同。很多其他方面也是如此。

学校代表着其中学生所在的生活环境、理念和共同思想，城市大学的任务与城市中的政治生活、个人生活一样新鲜、陌生、复杂。美国的大城市具有丰富性和多样性。城市大学实际上也像人们经常提到的那样，是丰富多样的，这才是真正意义上的公立大学。

哥伦比亚大学正是这样一所学校，同时蕴含着复杂性和可能性，问题和理想。今天是一个庄严的聚会。因为今天哥伦比亚大学的新校长即将正式上任，他将承担起一项神圣而庄严的责任。

今天，我带来了兄弟城市大学——芝加哥大学的祝福。哥伦比亚大学所要解决的问题也是芝加哥大学所关注的问题。我们不抱有太大期望芝加哥大学解决问题的经验会对哥伦比亚大学有所帮助。但从长远来看，我们这些城市大学的发展经验或许会对同类机构有借鉴意义。

对新上任的校长巴特勒先生及其管理的哥伦比亚大学，我们致以最美好的祝愿。愿哥伦比亚大学一直载其盛名，不负其光辉历史，永葆繁华都市中最优异的城市大学的美名。

十

大学的经济事务

教育机构的经济事务指的是与教育事务相区别的财务工作。我们很难，也不可能在财务和教育之间画出一条清晰的界线，因为没有任何大学生活或工作不涉及财务问题。大学的教育工作和财务工作在许多方面看来都非常紧密地联系在一起。在某些观点看来，这两者如此紧密的联系是不幸的。如果精神能更清晰地与物质区分开，那么我们的理想会更好地实现。近年来，大学工作的物质方面可能获得了过多的关注；但我们应该注意的是，大学工作的教育方面在同一时期里获得了更多的关注，一些人视为遗憾的事情其实是可能发生的最好的事情。关于这个讨论，有两点事实值得考虑：第一，三十年前这片土地上并没有优秀的大学；第二，如果没有财务基础和大量的经费支出，优秀的大学是难以操办起来的。尽管给予物质方面较大的关注看起来似乎与对精神方面的合理关注并不一致，但从当前事物的发展状况来看却是必要的。这也是一所具有现代性的大学机构将很大一部分经费用在各个科学院系上的原因，其中有很多院系在三十年前并不存在；在近来的一段时间里，让自然科学在大学机构中得到充分发展似乎是必要的。历史学系也是如此，因为政治经济学、政治学、社会学的教席相对来说都是比较现代的发展产物。不久前，几所最大型的大学甚至为罗曼语和日耳曼语设置了教席，更不用说英语了。此外，引入现代方法也带来了更多的经费开支。科学系所使用的实验室法，文学系和历史系所使用的图书馆法，都使高校的工作发生了革命性的变化，伴随而来的是大量的经费支出。

大学经费支出的不断增加也源于学校需要对师生生活进行更为妥善的安排。1901年的学生自然是难以忍受1801年时学生的经济情况的。另外，教师也变得完全不同——教师不再是隐士，而是芸芸众生中的一员，生活在与一个世纪前完全不同的环境中。因此，当今大学的财务状况远比一个世纪前重要得多，这一事实很容易解释，而且从任何意义上说都不意味着当今大学的精神和智识比以前弱。我们在运转一所教育机构时必须确保拥有大量的资金，这是因为：该机构如今是大学而非学院；大学的工作要比之前具有更高品质；如今大学开设有十个院系或其分支，而半个世纪前一个院系就可以满足；大学工作在无止境地变得更高、更广、更深。当前普通学院在单个科学院系上的经费投入要比同层次教育机构五十年前在所有科学院系上的投入都多。原来没有图书馆的院校现在已有拥有3万～5万册藏书的图书馆。完成同一件事，19世纪的大学只需花费1万美元，20世纪的大学却不得不花费10万美元。

诚然，大学的财务工作必须和教育工作一样仔细、有条不紊地开展。那么这就出现了一个问题：大学财务都包含什么，以及涉及哪些方面的工作？仔细思考这个问题便能看到受到财务影响的大学工作和生活的具体方面，如大学预算的编制、大学为管理其财务事宜而设立的机构，以及开展财务工作的原则。

大学与全世界都有财务往来，和世界上每个阶层的人都会产生联系。学生支付费用时与大学有财务关系。这些财务关系大都和学生的学业活动一致，且根据其性质、数量而发生变化。学生支付的费用有：考试费，包括入学考试有关的费用；入学费，入学后一次性支付；学费、图书馆费以及杂费，每个季度或每个学期交一次；物理、化学或生物相关的实验室费；借阅图书逾期未还而导致的图书馆罚款；额外修课的专项费用，在非常规的时间或因之前考试成绩不理想而参加考试的费用；由于学生自己的原因而收取的专项费用，如学生选课后又想更改，那么这项费用与其说是补偿大学机构所做的额外工作，倒不如说是让学生意识到准确做出决定并予以坚持的必要性。除了这些常见的费用之外，如果学生住在大学宿舍或去大学公共食堂用餐，那么他还要交住宿费和伙食费。每项费用都要与学生个体情况一致，因为每个宿舍的价位不同，在食堂用餐的天数也不一样。许多大学机构都会组织安排一家银行来方便学生存、付款，与一家井然有序的银行完全一样。一所大学机构中可能有四分之一的学生会在奖、助学金上与大学有财务关系，或因在某方面为大学服务而获得报酬。一所著名的大学机构每年都要为此拨出每人100～600美元不等、总额为10万美元的资金。最后，学生完成学业后还要收取毕业费。为了从财务上教育学生，以及确保费用得到支付，大学机构有一个刚性规定，即不向那些拖欠费用的学生颁发学历或学位证书。

对此，大学机构应该向那些贫困生提供勤工助学的机会来强化经济元素——这项工作有时由独立于大学机构的合作机构承担，有时由大学自己承担。与三四千名学生进行各种交易的工作不是一件小事。

同学生一样，每位教职工也都与大学机构有财务关系。大学里一项重要的财务工作就是准备每个月的工资清单，不仅包括普通职工的工资单，也包括大学的研究员、学者以及其他雇员的工资单。有的大学工资清单人数已超500。工资清单这项工作并不是乍看之下的那么简单、常规。工资清单在持续地发生变化，人进人出，升职加薪，在许多情况下还要进行专门的调整。近来大学中有大量的员工每年都会出国一段时间。每个出国人员都要专门进行转账，大学可能一次要处理外出至一二十个国家的员工的财务。员工升职通常是一个简单的财务问题，因为显然只有足够的资金，才能兑现升职带来的加薪。此外，考虑到大学的资源情况，决定在何种程度上发展哪个院系都既是经济问题，也是教育问题。在多数情况下，大学充当了一些员工的房东，在少数情况下（越少越好），大学通过向员工提供适当的大学保障资金来鼓励他们建造永久住房。

有时，学校员工会不幸残疾，或猝然离世。在这种情况下，大学需要做出有效的财务安排。有的大学建立了养老金制度，以一种更务实的方式提供适当的资助。无论从经济的角度还是从慈善的角度来说，这种养老金制度对于每所自称以经济为基础来开展管理的大学都是完全必要的。

一所大规模的大学需要大量与教育工作并不直接相关的财务人员，包括财务经理、审计员、注册官或会计。这些人员直接和财务工作打交道，并配备有速记员和文员。此外，在大学校长、院长、董事、出版社、大学书店、大学宣传部和图书馆等各个部门也配备有速记员和文员。事实上，即便是那些名列前茅的大学在三四年前也没有一个专门的速记员或文员。不过，在一个运转有序的大学机构里，速记员和文员的工作将会一直增加，因为经验表明尽可能地运用好这些人员的协助是经济节约的做法。建筑主管由工程师和门卫协助。如果大学的所有建筑都坐落在一处，那么通过建立一个中央建筑和供热、照明的设备，有可能实现经济节约；但即使在最为经济节约的条件下，这也是一项浩大的工程，需要进行详细的财务管理。

整个大学管理中最难处理的财务工作或许是与大学“地产主”职能相关的业务。现代大学可以视为大酒店，根据欧洲和美国的方案进行管理。一般来说，男性采用欧洲的方案，女性采用美国的方案。有些财务工作仅仅是间接地作为大学管理工作的一部分，但每项财务工作都需要大学负责。当前，管理一家容纳

300～500位客人的酒店，其财务工作量都非同小可，那么当人数变成1000或1500，甚至是2500时，又是怎样的财务工作量呢？在这方面，财务管理所耗精力最多。事实上，房屋管理员、门卫、厨师、服务员和警卫等这一大批雇员，都需要大学提供食宿。一个大型的大学机构，不可能让每个人去自行解决食宿问题。经验表明，这样做必然会导致学生受罪。

在此还要提及大型大学机构所必要部门的人员：信息部门工作人员；电报、电话业务员；收发室工作人员；教师交流处工作人员；持续增长的学生服务人员，即在大学的各个办公室、院系工作以勤工俭学的大学生。通过学生服务办事处，大学可以为有能力且有需求的学生争取到数千美元的校外工作。大型的大学机构和大型的商业公司一样，需要雇用自己的排字员。尽管大学不从事刊物出版事务，但由于日常需要进行各类打印工作，以及经常需要各类大学文件，因此雇用排字员来做会更加经济。当前，如果有些大学要出版刊物的话，那么与之相关的人员将会发展成为一个较大的群体，如排字员、校对员，有时还需要印刷工和装订工。很多时候，大学图书馆设置装订处提供自助服务也是合理的。当然，分发大学文件还需要一处常设的邮寄部门。在维护建筑、场地上，拥有自己的木匠、管道工和电工也是明智的。除上述列举的工作人员外，还有直接受雇于各个院系部门、与教育工作相关的艺术师、摄影师和技工。

大学还要基于全校师生的兴趣，以非营利的目的开设运营一个大学书店。书店的年交易额有时会达到数十万美元。此外，大学的化学、物理和生物院系还要配备仓库，以及仓库管理员、采购代理。大学在书店、图书馆和科学院系的仓库方面，则要和出版商、进口商、制造商和海关官员保持财务往来的关系。众所周知，大学在进口图书和设备上享有专项法赋予的权利。大学图书馆要直接或间接地在旧大陆[1]所有重要的图书中心设立代理人员，其图书往往都是从世界各地购买引进的。

持续发展中的大学机构一直都处在建设之中。在这里，大学的经济事务清晰地展现出来。在建设工作上，大学要和建筑师和承包商联系，并产生一个新的经济领域。大学可能仅有一个建筑师，并在所有建筑上都依赖他；大学也可能拥有许多建筑师，并根据建筑类型从中挑选建筑师。大学的建筑委员会一直都在考虑未来要建设的建筑类型、所用材料、风格及其实用性问题。经验表明，如果提前备好建筑方案，那么大学所需的建筑最容易得到保障。有时候，建筑设计图可能会引起赞助者的兴趣。因此，不要在未做计划和所涉及的初步工作之前想着收到捐款。几乎难以想象一所大型的大学机构不需要增建新的建筑。建筑委员会和职工与设备委员会一样，都是大学管理中必不可少的组成部分。因此，在选聘大学的财务经理时，至少要考虑一下他对建筑工作的熟悉程度。需要指出的是，美国许多大学机构都未在财务工作上注意到这点。总之，美国大学建筑一直以来都很不幸地被忽视了。忽视大学建筑事宜或许只比投资问题轻一点，因为后者的一些问题还能改正，而前者则是不可更正的。

一所大型大学机构往往也会与公众产生经济往来，其中大部分都与大学出版社的工作有关。事实上，每所大型大学都会通过不同的方式拥有自己的出版社。该出版社可能是由出版公司控制管理的，大学与其具有间接的经济往来；该出版社可能是与出版

① 指在哥伦布发现新大陆之前，欧洲认识的世界，包括欧洲、亚洲和非洲。与此相区别，新大陆主要指美洲大陆。——编者注

公司合作开办的，大学在其商业交易中拥有股份；该出版社也可能是由大学自身创办和管理的。总体上说，最后一种方案看起来最成功。大学独立创办的出版社涉及从制作到发行图书、期刊的各个环节的经济活动。如上所述，对于大学来说，自己运行排版室以及做一定的出版印刷是一个经济问题，它需要配备主管、监督人、领班、印刷工、排字员和校对员，还要挑选和购买浇铸（铅字）模型、印刷机、纸张以及其他出版所需的材料和设备。那么出版社办公室是否为工会办公室呢？出版社是否应该男女共同雇用呢？大学应该如何处理劳工利益方面的问题？此外，出版社的工作不仅包括制造，还包括发行；因此大学又进入了现代社会最有趣的经济领域之一，如与邮政局保持联系，在一些重要的中心设立代理机构，与书商建立联系，以及通过宣传部门和商界建立联系。若要成功地开发广告领域，就需要在东、西方设立代表，他们唯一的职责便是填补宣传的空白。

大学也是通过其工作部门来处理和公众的经济事务的，这项工作有时由推广部门负责。推广部门以更优的讲座计划进入讲座办事处的经济领域。推广部门的经济事务包括选择代理商，组建委员会，租借大厅，适当分发公告，出售门票，与演讲者签订合同，和各个协会、教会、俱乐部协商沟通，安排火车交通行程，确保酒店食宿，运输移动图书馆并在当地中心分发图书，以及出版、出售讲座讲义，等等。如果想成功地举办讲座并持续运行下去，并且推广部门因为缺乏专项基金而要在很大程度上自给自足，那么当单独经营这一业务的组织一年能赚到5万、7.5万甚至10万美元时，就必须在工作中采用商业原则，这样经济事务会变得更为确定、清晰。

此外，大学通过建议部门处理公众事务。一所大型的大学每天都会收到向各种工作岗位推荐学生的请求。这些请求，通过信函表达或本人亲自前来表达，有希望聘用文员和代理人的商人，有需要校长或教师的督学，有想招聘职员的联邦、州及市政府，有希望给孩子找家庭教师或旅行陪伴的家长，有需要代理的出版商，有需要牧师的教会，有需要记者或编辑、作者的报社，有需要职员的律师，有需要图书管理员的图书馆董事会，还有需要推荐校长、教授的学院或大学。这些请求都要一一做出回应，甄选并给予推荐证明。对于一所大型的大学来说，在一年里直接或间接地将数百名学生安排到不同的职位并不罕见。这在很大程度上是一个经济问题，涉及被推荐人的教育资质，大学要为此担负很大的责任。与此密切相关的是，很多大学机构还要为在校生找工作，以使他们获得维持生计所需要的一部分资金。这类工作有商店店员、簿记、打字和速记、公共图书馆工作、火车售票、检查城市电话、拉广告、收账、送报纸、洗衣店工作、安装街灯、做家务、当服务生、家庭辅导以及在夜校授课等。通过这些不同的方式，精力充沛的学生每年都能获得成千上万美元。

此外，大学还通过体育文化和体育部门与公众接触。近年来，人们逐渐认识到这项工作必须由大学直接负责，而非全然留给学生做。不管人们怎么看待体育竞赛日益受重视的趋势，必须承认的是，在体育竞赛的管理中，需要高水平的商业能力。这项工作涉及：维护价值几十万美元的运动场地，含看台、座椅、竞赛跑道、棒球场、足球场、售票处和入口大门等全套设备；承接、安排校际比赛；做广告；推广纪念品项目；出售门票，单场比赛的门票有时可能会卖到1万～3万美元；妥善记账和归类收据；安排比赛日程；管理训练区；购买所有足球和棒球比赛所需的装备；保留教练、橡胶场地、裁判官和替补队员。所有这些都涉及大量的业务和大笔的资金。此外，还要考虑大学里各种各样的音乐俱乐部所进行的公开演出，这也涉及大量的经济事务。

投资是一所大型大学机构最为重要的职责之一。一般的风险不得发生；所采取的每项措施，至少在当时看来必须是绝对安全的。自然而然地，这项工作的分量和职责便增加了。一所大型的大学机构会以不同的形式收到500万～1500万美元的捐赠基金。其中一部分会用于必要的房屋修缮上。大学缴纳房产税，并从房产上获得租金。城市商业性地产通常特别被看好，因为它很好地满足了信托性质所加的最严格的要求，居住性地产也完全有可能成为一个重要的组成部分。大学要以“地产主”的身份与数百个房客发生经济往来。其他可取的投资有服务费、抵押贷款和债券，特别是能够得到合理和充分保证的铁路债券；股票，尤其是以捐赠的形式获得的股票，董事会通常会犹豫是否购买。一所拥有800万～1000万美元、持续不断进行投资的大学，其经济事务等同于两三家大银行的事务，其中涉及的商业交易不容小视。

与大学具有经济往来的，还有许多赞助者。或许有人会说这种往来是慈善性，而非商业性的。不过，熟悉内情的人明白它实际上就是一个商业问题。人们只有在确信其捐款会得到严格的商业方式管理时才会向一所大学捐赠资金。捐赠是有前提条件的，捐赠者希望以合法的方式进行。通常情况下，一所大型的大学机构要在保障捐款上花费大量的时间、精力。大学有时会在个别案例上或特殊情况下去这样尽力争取，不过总的来说，一所大学机构是无须恳求便能获得捐赠的。我们可以断言，90%的大学捐赠都是捐赠者主动给予的，而非大学恳求得来的。考虑到大学接受捐款的细节条件，这无疑是一个商业问题。捐款条件有时涉及年金，那么大学就要暂时承担保险公司的工作；捐赠者有时采取信托的形式，所捐财产的全部收入或部分收入要给予特定人群，那么大学要在其中承担起信托公司的职责。因此，捐赠关系在很多情况下就是一个商业问题。

大学针对不同经济往来设置了不同的部门。首先，任命董事会成员，以管理运行大学的经济事宜。大学里有权开展教育工作的教职工要服从董事们实施的规则条例。一般来说，董事们只处理资金使用的问题，其中自然也包含教学员工的聘用。在一所大型的大学中，董事会制定资金使用和大学整体运行的规章制度。在许多较大的大学机构中，董事会主席也是该大学的校长，这样他在经济工作和教育工作上都是首席执行官。在其他大学，商务判断力是选择董事会主席的主要标准；虽然不是带薪工作人员，但董事会主席在大学的经济利益上投入了大量的精力，其判断对一切经济事宜都具有很大的影响。大学的财务主管有时是业务经理，有时只是全部资金的托管员。他在后一种情况下通常是财务委员会主席。财务主管负责监管整个大学的财务工作，监督建筑物、场地的管理，主动发起投资，以及打理大学的地产和收益。在较大型的大学机构中，财务主管的责任要比一家大型银行的行长更大、更多。

除了财务经理，大学还必须设置如下职位：一位负责收取各种费用、宿舍租金、伙食费的注册官或会计；一位管理印刷、出版事务的负责人；几位负责博物馆、图书馆以及各种实验室的负责人，其中每项工作都具有财务性质；不同院系的采购代理，或被授权进行采购的职员。大学里的审计员或总会计还要负责管理大学账目，审计所有的支出花费。大学里会计人员是一个很大的财务群体，速记员工群体完全可能更为庞大。管理员和服务人员已在上文论述执行大学经济或物质工作的一系列代理机构中提及。

一所大型大学机构的校长，在履行教育事务职责外，还要负责以下事务：与教职工协商合同事宜，这项工作本身就非常耗费精力；管理各个院系的开支，使其不超过预算；服务于与建筑物、场地及投资有关的受托人委员会；采取必要的措施引导赞助者自愿前来捐款。虽然校长不用直接接触雇员、管理员和服务人员，但他必须事事俱悉，了解到每项工作都在合理的成本下有条不紊地展开。大学校长还要协调关于建筑形式、特征的不同意见，并考虑各个院系的经费申请。

如果我们针对大学经济事务管理的总体指导原则征求意见的话，必然会听到不同的声音。不过我认为那些具有商业领域工作经验的人会一致同意如下观点：

1. 一所大型的大学机构开展商业活动不是为了增加业务，而是为了使其教育事业得到最大收益。为此，每一分钱都要秉持审慎的商业原则，用于教育目的，每一分钱也都要从管理商业事务的开支中节省下来。换句话说，成功的商业管理并非目的本身，而是方便开展教育事业的手段。

2. 一所大型大学机构的商业事务具有公营信托的性质，因此从本质上与公司或个人的商业事务不同。因此，大学的商业事务不存在什么风险。挪用大学资金进行投机是犯罪行为。一项从商业的角度来看对个人或公司有益的合理交易，从大学董事会的角度来看可能完全缺少合理性。世界上没有哪个商业机构比大学机构的管理更保守，也没有大学投资的损失率或欺诈率那么低的。

3. 虽然大学董事担负的职责很大，需要开展大量高品质的工作，但却是志愿的。大学校长是唯一一个带薪工作的董事。除此之外，如果财务主管同时担任业务经理的话，那么财务主管也是一个带薪工作的董事。无法断言这种志愿服务难以得到保障。这项工作给人带来的荣誉感和满足感足以打动这些精英。

4. 在管理大学机构的商业事务上，还要普遍推广行政事务原则。不能存在任何形式的徇私舞弊，更不用说裙带关系。对某项工作负责的人员必须享有建议权，并征得上级部门的批准。晋升对每个职员来说都是一件重要的事。

5. 大学机构的每个院系部门都要严格执行经济节约原则。负责开支的职员必须严格核算。毫无疑问，许多院系的知名学者、教师不能处理好交付给他们的个人或大学的经济事宜。除非预先拨出合理的款项，否则就会产生债务。

6. 大学还要专门从经济角度去考虑与学生生活费用相关的问题。鼓励奢侈是错误的，更别说让奢侈成真了。不管一个年轻人多么有钱，作为学生都不可以花销太高。他必须控制自己的开支，大学也应直接或间接地确保做到这一点。向那些优秀的但因缺乏经济能力而无法继续学习的学生提供资助同样重要。大学在这点上可能会犯错，如帮助那些不该援助的学生，或在帮助那些有需要的学生时伤害到了他。要求每个接受大学帮助的学生以服务或资金的形式向学校给予合理回馈，是处理整个问题的一条可取途径。这种回馈应该以学生所做工作，或以还贷的形式进行。对于后一种情况，从商业的角度来看，如果贷款条件对学生尤为有利的话，则不会有人反对。不能指望每个学生都能提供十足的保证金，但没有保证金不能向学生提供贷款，除非该学生为业务人员所熟悉，其品行无可非议。

7. 一所大型的大学机构应该定期将财务往来情况公之于众。各个院系部门支出的具体金额和所有收据细节都该告知公众；此外，公众了解了这些事实，会使大学得到公众的信任。大学将官方资金收支情况进行定期、系统性的公布发行，所收成效可能更佳。

8. 大学和教职人员签订的合同，与大学和财务人员签订的合同不同，与处理商业事务时签订的合同也不同。一所大型的大学通常随时会有教授或教师辞职，也随时会聘用教授或教师。因此，对那些被任命从事某项工作，而还未上岗便希望更换单位的人员，辞职是可以接受的。一所大学机构努力挖走另一所大学机构的员工并没有什么不妥。大型的大学机构里盛行的一种观点是，只要有利于个体的最大利益，最终都会有利于教育的最大利益；大学绝不能剥夺个体抓住更好的机遇和接受更能发挥作用的职位的机会。只有规模较小的大学才不实施这一原则。

9. 从法律的角度来说，即便一所大学拥有2000万美元的资产，它也仍是一个慈善机构。无论拥有多少财富或具有多大的影响力，大学的事务运行都像一所大型的慈善机构。大学会毫不犹豫地接受任何一份捐赠，从而得以继续开展工作，造福大众。大学没有分红，而是通过培养学生来回馈社会大众：学生们每交纳1美元，大学都会向社会如数返回，并且另外还会再回馈几美元。今天我所述的内容参考了美国15～20所大学机构的状况，有一定的修改调整，但均属实。

我想，上述论述足以说明：除了教育工作，一所杰出的大学还是一所商业的学府，堪与世界上其他伟大的商业机构相媲美。

十一

中小学教师的薪酬是否较低

波士顿中学教师的薪资是1620至3060美元，文实学校和初等学校教师的薪资是936至2340美元。芝加哥中学教师的薪资是850至2000美元，初等学校教师的薪资是500至825美元。圣路易斯的底薪要稍微低一点，中学教师的薪资是682.5至2060美元，初等学校教师的薪资是420至892.5美元。旧金山中学教师的薪资是900至1350美元，初等学校教师的薪资是450至747美元。费城中小学男教师的平均薪资是1487.7美元，女教师的平均薪资是569.7美元。在明尼阿波利斯，除了中小学校长外，女教师的最高薪资是1300美元，男教师的最高薪资是1000美元，与常见的男教师薪酬高于女教师的情况相反。整个明尼苏达州的数据显示，初等学校男教师的平均工资是513美元，乡村地区学校男教师的平均工资是349.7美元，初等学校女教师的平均工资是381美元，乡村地区学校女教师的平均工资是279.72美元。纽约州因为城市众多，所以中小学教师的平均工资较高，全州教师的平均工资是604.78美元，城市教师的平均工资是879.27美元，但乡镇教师的平均工资仅有322.49美元。宾夕法尼亚男教师的平均薪资水平最高的是特拉华县，高达719.8美元；富尔顿县男教师的平均薪资水平最低，仅226.71美元。特拉华县女教师的平均工资也是最高的，达416.88美元；派克县女教师平均工资最低，仅221.67美元。

看到这些数据，明智的人会觉得这样的薪酬令人满意吗？对我来说，基于这些数据和已知的事实，可以清晰地发现公立学校中小学教师的薪资是严重不足的。对于一些人来说，似乎没有必要考虑这个问题，但是如果公共事业一直如此不公的话，自然会引起抗议和抱怨。因此，我会在这篇短文中提出五点来论证我的主张，即反对这些忠实的公仆遭受不公的待遇。我的每一个论点都理由充分，放在一起对现行政策的反对力度是压倒性的。

首先，从教学工作所需的人才层次来说，中小学教师的薪酬是不足的。曾经，别无出路的青年男女才会走上教学岗位，但在较发达的乡村地区，尤其是在城市里，这样的时代已经过去了。现在，人们普遍地认识到需要提升教师队伍的素质。 位成功的教师即使从事其他职业同样也能取得成功，这种例子比比皆是。高等教育学府需要最高层次的知识能力，中小学教育部门也是如此。只有那些具有很高天分的高层次人才才能满足中小学教育工作的需求。教师教导抚育我们的孩子，其才能理应受到尊重，否则我们怎能心安理得？无论是对家庭还是对政府来说，有什么能比孩子更珍贵？培养孩子难道不是最为重要的事情吗？然而，在很多情况下，我们愿意支付给教师的薪资却远远低于牛马饲养员的薪资，谁会看不出其中的荒谬之处呢？无论如何，教师都应该和那些其他专业领域的人一样获得平等的薪资。难道我们还要继续犯傻，给教师发放低薪资，让他们因为接受了报酬微薄的工作而被打上低人一等的标签吗？

其次，从从事教职所需的职业技能来说，中小学教师的薪资是不足的。同样是因为时代的发展变化，初等学校的教师必须精通心理学，并具有大量关于孩子生活习惯、思维类型的知识储备。这个领域的边界是无限的，教师们需要准备多年——先是在中学学习，再到学院或专业学校学习。这项艰巨的准备工作需要最刻苦的努力，很多人在过程中因发现自己难以胜任选择了放弃，只有少数人坚持到了最后。即便是为出任初等学校的教职做准备，所要求的培训和熟练程度与其他专业岗位的要求也别无二致，而且要求还一直在不断增多。只有那些拥有健康的体魄、坚韧的毅力，以及一定资产的人才能确保为从事教职工作做好准备。那些含辛茹苦地准备这项工作的人到头来发现自己获得的薪资竟如此微薄，与其付出的艰辛和前期的投入相比显得那么少，这公平吗？

再者，从教师的工作性质来说，中小学教师的薪资是不足的。那些从来没有从事过教学工作的人对中小学教师所需投入的精力基本没有概念。家长需要对教师的工作压力有所了解，要知道，一个家庭顶多有3至5个孩子，而教师则要应对30至50个或更多的孩子。教师们必须持续地保持警觉，这种连续不断的压力对于很多人来说是致命性的，它给身体和精神都带来强烈的疲劳感，只有通过彻底的休息才能得到缓解。在教室里待上4至6个小时所消耗的体力和脑力不比其他任何职业少。而且，当我们发现这种生活是日复一日、周复一周、月复一月时，就不免会意识到其中的痛苦、需要的勇气，以及要做出的自我牺牲，除非教师们专门花心思去努力调节，否则就会导致思维和精神的精疲力竭。可见，教师这一职业所带来的身体损伤要大于其他职业。难道这一职业不值得获得一份体面的薪资吗？还有比教师更严肃、不可或缺的工作吗？对于家庭和国家来说，还有比教师更重要的工作吗？为什么要这样践踏教师工作呢？

除了上述工作性质，教师还要为自己的专业发展进行投入，这也是我认为中小学教师薪资不足的第四点原因。由于职业的需求，教师每天都要进行阅读，就需要购买大量的图书。发展中的教师每年都至少要花费薪水的10%至20%来购买新书。除此之外，当前教师的集会和研讨会也具有重要的意义，可能是每年举办3至4次的某学科的教师会议，也可能是县、市或州教师的区域性会议，参与其中也需要支出。参加这些会议对于教师的发展来说是非常必要的，因为他们在会议上可以接触到同样对某个学科深感兴趣的人，交流会带来诸多好处。此外，教师还需要旅行，即使很多人误以为这既不必要又奢侈。但实际上，没有什么是比旅行更能提升、鼓舞和激励教师的了。国内外的旅行都有自我教育的作用，然而这一作用却一直被低估。但是如果没有钱让教师们如何做这些事呢？他们什么也做不了。如果教师们能享受到这些机会的话，他们的生活将会大不相同；如果教师们接触过外界生活的话，他们开展的教学也会大不相同。教师们至少可以将薪资的20%用于这些方面，以恢复身体、心灵的活力。但教师们在当前的薪资水平下可以这么做吗？我们只需了解一下教师的年均预算就会发现毫无希望。

最后一点，从提前为退休生活做准备的角度来说，中小学教师获得的薪资是不足的。大学教授到65或70岁时或许还能继续工作，而一般来说中小学教师则要更早地离开工作岗位。这一方面是因为中小学教师的工作与大学教授的工作性质不同，另一方面是因为学生的年龄不同。一个年过50或55岁的女性是否应该继续留在初等学校工作？这是一个值得讨论的问题。当然，她可以监管或视察教学工作，但这样年龄的教师中只有少数还能有足够的精力来满足年幼的孩子们的需求。那么被迫在50或55岁离开工作岗位的教师该怎么办呢？他们的职业生涯已经结束了，他们不能再从事新的职业了，但生活还要继续，甚至可能要持续很多年。因此，如果没有养老金的话，教师每年都必须存下一定的积蓄，留给让人畏惧的晚年生活。但这里就出现了一个严重的问题：平常，教师还有许多花销，还要赡养父母、照顾家庭、帮助朋友，除去这些，中小学教师的微薄工资是完全不够他们存下什么钱用来安度晚年的。

这是一幅暗淡无光的图景，悲剧会在这样的背景下产生。这种现状应促使每位家长与权力部门抗争，为教师争取更高的薪资，因为更高的薪资意味着更高层次的人才，更充分的从教准备，更高的工作品质，以及更多的专业发展投入机会。除此之外，每个为了他人而放弃自己生活的人都有权享有一个安静舒适的晚年。

为什么这种不公还会延续？因为学生家长和权力部门的人被遮蔽了双眼。如何打开他们的慧眼呢？我们应该不停地问自己，直到找到答案。

十二

以牧师为职业的神学院学生为什么越来越少

1894年，北部30所较为著名的新教神学院有2522名新生注册入学。1903至1904学年，有2133名新生注册，减少了389人，降幅超过15%。如果将1903至1904学年的人数与1897年的相比，而不是与1894年的相比较，且把1903至1904学年注册学习的知名牧师和仅仅参加暑期课程的学习者去除的话，那么真正减少的人数是将近450人，而非389人。1894到1904年间，在北部和密西西比河以东地区四大教派开办的主要学校在校学生人数见下表：

		学生人数		减少或增加人数	减少或增加幅度(%)*
		1894年	1904年		
浸礼会	科尔盖特学院(Colgate)	49	40	−9	−18
	克罗泽学院(Crozer)	84	62	−22	−26
	牛顿学院(Newton)	75	48	−27	−36
	罗切斯特学院(Rochester)	124	134	+10	+8
	总和	332	284	−48	−14
卫理会	德鲁学院(Drew)	142	168	+26	+18
	加勒特学院(Garrett)	144	170	+26	+18
	波士顿学院(Boston)	151	181	+30	+19
	总和	437	519	+82	+18
长老会	奥本学院(Auburn)	83	52	−31	−37
	普林斯顿大学(Princeton)	233	184	−49	−21
	麦考密克学院(McCormick)	212	110	−102	−48
	莱茵学院(Lane)	23	19	−4	−17
	总和	551	365	−186	−33
公理会	安杜佛学院(Andover)	54	16	−38	−70
	班戈学院(Bangor)	49	27	−22	−45
	芝加哥大学(Chicago)	202	93	−109	−54
	哈特福德学院(Hartford)	54	59	+5	+10
	奥伯林学院(Oberlin)	39	32	−7	−18
	总和	398	227	−171	−43

* 数字均取整数，下表同。

下列四所学校神学院学生群体具有超越宗教教派的特点，其在校学生人数如下：

	1894年	1904年	减少或增加人数	减少或增加幅度(%)
哈佛大学(非宗教派)	50	52	+2	+4
联合学院(长老会)	143	119	−24	−16
耶鲁大学(公理会)	118	97	−21	−18
芝加哥大学(浸礼会,除去暑期学生)	152	177	+25	+16
总和	463	445	−18	−4

仔细分析上述数据可以发现，在过去的十年里，到这些超越教派的院校就读的学生减少了18人，降幅为4%。公理会神学院的学生数减少了171人，降幅达43%。长老会院校机构的学生数减少了33%（麦考密克学院减少了将近50%，普林斯顿大学也降低了20%以上）。卫理会神学院的学生增加约20%。超越教派招收学生的几所院校中，除哈佛大学增加了2名学生，芝加哥大学增加了25名学生外，学生总数也在减少。长老会和公理会院校的学生大幅减少，而人们往往认为这两大教派更加富裕，且比其他教派更容易受到现代知识发展的影响。

在上述图表之外，还有两三点需要指出。1904年，从耶鲁大学、哈佛大学、哥伦比亚大学和普林斯顿大学毕业的近1200名学生中，仅有不到30人表示计划从事神职。同年，俄亥俄以北、密西西比河以东的11所浸礼会学院的毕业生中，只有28人打算从事神职。

无疑，各个教派的神学院中准备从事神职的学生人数正在减少。事实上，过去十年里这一数字也是在锐减的。对人数显著减少的原因进行揭示并非易事，但指出这一情况的某些特征则还是大有可能的。

毫无疑问，在现代社会中，其他专业职位要比牧师更具有吸引力。这并不仅仅是因为其他职位提供了更好的获得财富的机会，还因为即便是取得成功的牧师，其总体影响力也已经下降，而成功的法律或医药从业者的影响力，更不用说其他专业职位，则大大地增强了。普通牧师的影响力是否下降或许还值得怀疑，但牧师在一个社区中地位的相对下降则是毋庸置疑的。从19至21岁普通年轻人的视角来看，他们会注意到自己最熟悉的教会布道台上正发生着变化，并观察到人们对牧师所表现出来的态度的改变，这个曾经一度是每一个头脑清醒的青少年梦寐以求的理想的天职如今已失去了以往的鼓舞性。牧师在社会中不再享有比他人更高的地位，而牧师正是因为地位高才享有人们的爱戴和尊重的。牧师这一职业很大程度上失去了神圣性和吸引力。从另一方面来看，律师、医生甚至是工程师和教师，都逐渐具有了独特的吸引力。如果一个人受到了政治领域的吸引的话，法律不就为他敞开了一扇大门吗？如果一个人被现代科学精神所触动，还有什么领域能比医学或工程学更容易有机会培养这种精神呢？如果一个人从心底希望帮助个体成长和个性发展的话，讲师或教授席位不是比牧师更能确保实现这个想法，更具有吸引力吗？在这一代年轻人的心中，在其他职业地位提升的同时，牧师职业的地位则下降了。

从前，家庭的宗教影响很强，不管怎样，父母常常将长子或其中的一个儿子留在牧师身边。尽管这意义重大，被视为神圣的职责，但这只是家庭宗教精神强烈影响的单一表现形式。不幸的是，当前只有很少的家庭才能这么强烈地感受到宗教精神的影响，大多数家庭都完全缺少这种精神。如果在大多数情况下人们都是在离家之前，即未到18岁时决定未来要做什么的话，那么家庭明显是主要的影响因素。但从另一方面看，如果家庭没有明确的宗教精神的话，那么人们就不会认真地考虑牧师这一职业。事实上，如果家庭将宗教这个主题抛到一边，而不作严肃思考的话，我们又怎么能期待年轻人会选择牧师这一职业呢？不管我们怎么讨论宗教精神，宗教精神的式微，以及家庭在宗教问题上缺乏思考，都可以在很大程度上解释这一代的男青年为什么不渴望从事牧师工作。

此外，当今的牧师职业还存在着前所未有的不确定性因素。我所想到的是，在接受牧师职业培训的群体中，有更多人仅从事一两年神职工作便放弃了，从而构成了比以前更大的不确定性。从当前神学的不确定性中，我们会发现一个更为令人不安的因素：所有人都坚信，教会在神学信仰和实践方法上正处于明显的转型阶段。诚然，历史系的学生非常清楚地知道基督教从1世纪起就一直处在转型之中，但现在，大众可以深刻地认识到我们正处于特殊的转型时期。这种认识给宗教事业带来了很大的伤害。我可以从我私下认识的人中说出50多个在5年内放弃选择牧师职业的年轻人，放弃的原因是他们认为自己所做的工作不会被教会接受。尽管教会很清楚自己目前正处于转型之中，但考虑到公众形象，仍然需要像50年前那样布道。可以肯定地说，当前转型时期的这种不确定性因素仅在一年之中就使放弃选择牧师职业的人比选择牧师职业的人还要多。我们也不能责怪这些年轻人，是他们接受的教育影响了他们的思考方式。难道他们因为拒绝从事牧师职业就要受到谴责吗？何况大部分从事这项工作的人只能在有限的范围内进行思考，在此之外的思考都是被禁止的。我不知道这种对思考的限制是否有必要、是否可取。我只能说这是使得当代许多年轻人避开牧师职业的原因之一，因为他们觉得应该拥有一些主见，而选择牧师职业是无法拥有主见的，且他们会发现，如果成为牧师，他们会失去做那些自己曾经准备要做的工作的机会。

我不认为，许多人抛弃牧师职业是因为薪酬微薄。当今受过教育的人都认为教育孩子是绝对必要的，如果他不能确保孩子接受教育的话，就是犯了一宗罪，是反上帝、反人类的。不过，如何让一个拿着牧师平均薪资的人去解决自己小家庭的教育问题呢？上帝能否要求一个需要保证自己孩子接受教育的人做出牺牲呢？更不用说冒着不能资助孩子接受教育的危险而做出其他更大的牺牲了。更进一步说，当今个体的社区影响力在很大程度上是由拥有多少使其体面生活的设施来衡量的。众所周知，如果连必要的生活设施都不能得到保障的话，那么一个领导者的生活则不是体面的，也不会具有影响力。我想提出的观点是，牧师影响力的相对下降是因为其薪资微薄，而非其他原因。如果牧师的薪资可以在十年内翻一番的话，那么普通牧师的影响力也将会倍增。不得不承认，很多对人的评判方式都是错误的，评判依据的原则可能更加错误。但不管对错，我们已经开始从经济角度来评判个体和专业职位了。这样的评判是很荒谬的，但事实就是如此。18～20岁的年轻人最为明显地受到了这种评判的影响，他们会四处调查、收集关于各个专业职位的收入信息。

牧师的声誉变得不好，是因为部分教派录用了一些准备不充分或接受教育不足的人。牧师职位的尊严及神圣性在很大程度上受到了损害。有人可能会觉得，草率地录用无知的人所带来的损害程度，或许没有这些人通过热忱的品质所带来的收益多。随着学校录取标准的提高，医药职业变得越来越具有吸引力。事实上，这同样适用于法律等职业。奇怪的是，随着进入其他专业领域的要求逐渐提高，进入牧师职业领域的要求却在不断下降。上述数据显示出长老会、公理会的牧师候选人减少，卫理会的却在增长，可能与这一论断并不一致，但我们仔细研究的话却可以发现二者并不矛盾。事实上，卫理会主教区教会的存在强有力地推动了男性加入牧师这一职业。而长老会、公理会和浸礼会等教派没有为真正具有管理能力和公共服务能力的人提供脱颖而出的机会，这对于有着人生规划、雄心勃勃的年轻人来说是毫无吸引力的，普通牧师这一职业并不能激发年轻人的美好想象，也无法点燃他们心中的激情。

即便学生们在进入学院前已经做出了成为牧师的决定，但学院生活的变化并不能推动年轻人真正从事牧师工作。普通的学院生活和现代日常生活一样，并不理会宗教及其影响。即便是一所初建时明确表明以培养牧师为目的的学院，也会刻意地抛开那些能让年轻人选择成为牧师的课程，代之以那些可能使其走上其他道路的科目。每个学院的教授也都知道，大多数进入学院打算从事牧师职业的人毕业时却进入了法律、医药或商业领域。以前，学院里几乎所有人都准备从事牧师职业，学校的气氛也逐年在这种环境中得到强化。而现在的情况却完全相反，一部分原因是科学精神的普及；一部分原因是从现代的角度来说，宗教精神缺少充分的表现形式；还有一部分原因是大量从事牧师职业的人未接受过学院教育，换句话说，缺少充分的教育。出于各种原因，学院对培养牧师变得漠不关心。这明显是错误的。那我们应该做些什么来改变这种情况？就让学院的教师去寻找答案吧。

十三

神学院如何处理与公民的关系[1]

---

① 宣读于1899年6月7日庆祝霍维博士加入牛顿神学院50周年的庆典上。

神学院如何处理与公民的关系，这是一个需要进行阐释和界定的问题，否则我们会迷失于其诸多的可能性之中。下面我从三个具体问题入手来讨论这个话题：

教会在多大程度上关心我们的公民机构?

牧师在多大程度上关心我们的公民机构?

神学院在多大程度上在牧师培养中涉及上述问题?

宗教与政府之间互相影响一直都是历史上的一个重大话题。神学思想的发展和公民机构的发展一直关系紧密。这从当前神学思想表达所使用的大量语言中得以反映，这些思想都源于公民机构领域；在很多情况下，公民机构与神学思想之间实际的历史关系也是这样。我们或许可以把宗教和政府分开，但我们难以把神学思想和公民机构的思想分开，也难以把宗教生活和公民生活分开。我们的新教与欧洲的新教不同，一部分是因为我们的公民机构和欧洲的不同。

直到近来，教会仍把自己视为政府的监管者，尽管国家监管教会的情况并不少见。无论哪个占据主导都无关紧要，因为公民与教会之间存在着实际的同一性。在这种情况下，二者无论在思想上还是在事实上都不可能区分开，同样的血液流过二者的动脉，同一个大脑控制所有的活动。二者的有机体在本质上是同一个。教会腐败往往也意味着政府腐败。在旧约教会和基督教教会的历史上，也都曾出现过对立的情况。因为这样或那样的原因，政府可能会反对教会的做法和信条。

公民的立场经常由不同的教会主宰，政府组织形式在很大程度上具有层级性，市政官员同时还行使着宗教职能。这种情况在欧洲持续了多个世纪，无论是古代史、中世纪史，还是现代史中，都大量地描述了教会和公民机构之间这一关系产生的结果。

我们今天生活在一个转型时期。我们习惯于庆祝政府和教会分离；但人们的视野往往很狭隘，没有看到世界上只有一小部分地区，事实上也只有基督教世界里的一小部分实现了政教分离。我们在很多地方都能看到政教分离的思想、行动趋向，但在目前的进展速度下，基督教国家实现真正的政教分离可能还需要好几个世纪。不过，我们感兴趣的是二者在现代社会的发展状况。环顾当下，我们通过调查了解教会和公民机构的关系会发现，在那些政教分离的国家里，我们很难确切地描述事物的发展状态。当然，从政教分离的角度来说，教会保持着超然避世的态度。这种态度很普遍，同时还伴随冷漠、漠视和敌意等其他态度。教会在分离时采取一种敌对的态度，直到现在都没有进行真正意义上的改变。教会现在的立场是，教会与政府无关，且怀疑任何试图利用教会的影响力与政府事务扯上关系的行为。虽然这种立场是不可避免的，但它在一定程度上导致了教会和社会的分离；这也部分解释了教会在很大程度上失去人心这一严峻事实产生的原因。考虑到其他直接或间接与教会相关的社团组织将自己与教会联系起来，以期另辟蹊径改善社会，我认为，教会相应地失去了影响社会上公民机构的机会，同时也失去了深刻影响人的思想和心灵的机会。

那么教会现在往哪个方向发展最理想呢？重新加入政府？我认为答案是否定的。理想的方向存在于当前的发展之中，但教会必须形成如下几个特点。教会必须变得具有更为广泛的同情心。现在我心里没有任何关于信条或教义的问题。与之前的无所不包相较，当今教会的运行范围很小。教会必须摒弃其排他性。劳动阶层的大众对耶稣基督备感亲切，却对教会痛恨有加。我们或许可以说这不合理，但我们必须面对这个现实。同样，教会也疏远了富人阶层，且迅速地疏远了所谓的知识分子阶层。

过去教会所做的工作大都是从教会外部而非内部入手的。如今教会采取后一种策略，并非自发，而是被迫的。教会今后要应对的不是政府机构、商业机构或教育机构，而是与这些机构相关的个人。牧师的工作现在也发生了变化。过去，牧师的职责是维护教会或信条的权威。过去，他一直与大众和机构打交道。牧师作为教会的代表，其首要职责是维护教会的制度；由于这些制度和政府的制度密不可分，所以牧师的影响和关切也包括这两方面。

然而，如今牧师对公民机构的关注比较少。在采纳教会自身政策的同时，牧师在很大程度上变得漠不关心了。如果牧师公然走上公共事务舞台，那么他将被同行视为自寻恶名，被公众视为抛弃本职工作。牧师几乎完全被阻挡在公共生活之外，局限于其自身工作。牧师被剥夺了很多普通公民享有的权利，或许也不能履行一些职责。他也不担任什么官职。一名牧师当选州长或国会议员这样的事是多么少见啊！在一些较大的市政机构中，牧师甚至还不能担任教育董事会的成员，人们觉得牧师可能会为最有权势的人服务。由于这样或那样的原因，牧师的任何尝试走出设定角色的举动都会很容易地招致怀疑，被认为是试图施加神学思想的影响。在国家事务中是如此，在教育事务中亦是如此。曾经，人们如果想成为校长候选人，他必须得是一名虔诚的牧师。如今，一名虔诚的牧师几乎不可能被考虑任命为较大型教育机构的校长。只有在近来，耶鲁大学才打破这已有两个世纪的传统，并且是因为董事会的同情才打破的——该董事会成员大都是牧师。如今，很多大学机构的董事会中能有一名牧师成员就不错了。鉴于公共事务和公民机构密切相关，如今向牧师发出的信息就是

“放手”。当然，这是有原因的。公众产生这种态度是因为，他们认为牧师在国家事务、教育事务中视野狭隘。《纽约晚报》的一篇社论曾指出，如果一位牧师要成为国家或教育事务中的候选人的话，他必须要有超越牧师工作的胸怀和眼界。换句话说，人们认为牧师不具备承担国家、教育事务职责的能力。人们还认为牧师不能客观公正地行使职责，即牧师或多或少地会依据神学思想进行管理。另一方面，牧师也像之前那样感觉自己难以满足现代社会的需求。牧师在大多数情况下愿意被视为视野狭隘并变得狭隘，至少狭隘可以贴切地形容他的工作范围。这些都是牧师地位还处于最高时人们的一部分反应。

然而，未来将会向牧师提出比过去更多的要求。相较于教会绝对地支配生活、思想的时代，牧师将会和包括商业、文化在内的公民事务保持更为密切的关系。我认为这种关系会越来越紧密，但与以往大不相同。母亲和孩子的关系非常紧密，之前教会和政治的关系也是如此。夫妻的关系更为紧密，那么牧师与公民机构的关系也是如此。虽然牧师和公民机构关系紧密，但并不是一种直接的关系，牧师必须和组成这些机构的各个个体而非机构本身保持紧密的联系，即牧师和服务于每个生活关系的个体保持紧密的联系。为了成为工人的顾问，他必须熟悉工人的观点看法。为了成为富人的顾问，他必须熟悉富人的观点看法。这是不言而喻的，但这并不是牧师要做的全部。为了真正地成为富人的顾问，他必须最为详细地了解工人的经历、感情和所处状况。为了真正地成为工人的顾问，他也必须要知道百万富翁的内心、目的和行为方式。这只是我想表达的一个例子。换句话说，能够帮助人的牧师首先必须一一处理与个体的关系，其次要了解自己所处的社会环境。牧师必须通过接触不同的个体才能影响和改变社会环境。他必须像以前的使徒那般，以全能的形象面对所有人。牧师的职业生涯取决于他是否有使人与环境和谐相处的能力，公民机构是该环境最具体的表现形式。世界上的传道者，不管他们信奉什么宗教，因为需求不同或性情不同，他们要么成为牧师，要么成为先知，要么成为圣人。如今的现实环境不再需要牧师，偶尔一些地方需要几位先知，而对圣人的需求却急速上升。圣人应饱含智慧，包括现实生活的智慧，处理各个阶层、大众事务的智慧，以及直面生活、与生活打交道的智慧。

从上述内容可以总结得出，未来的牧师将要传播所谓的社会学。这是我目前所能想到的最深远的事情。牧师的职能是在人类面前宣扬上帝，并尽力地像耶稣那样去行动，像耶稣那样去完成使命。耶稣当时需要和公民机构来往吗？他不需要支配公民机构，事实上也不需要对其产生直接的影响；但他通过四处传教，以及通过十二门徒宣扬教义，最终推翻了那个时代的制度，取而代之的是一些完全不同的制度。

在这方面，有些神学院的工作和生活是值得一提的，因为它们与这一问题直接相关。我脑中浮现的是那些普通的神学院。

尽管我们的神学院取得了很大的进步，但它们的范围和精神都是有限的。它们没有在许多基督教工作部门中提供指导，这些部门既不比传道更重要，也不是为了传道。有些人认为，接受过大学教育和从未见过大学的人可以在同一间教室里工作，并获得相同的报酬；还有些人认为，对所有的牧师来说，无论他们从事什么工作，都必须接受同样的训练。这些观念都对教会的发展造成了无穷的伤害。这就是我所指的范围有限。精神上的有限是指对生活缺少深切、强烈的同情，缺少一种强大的、令人振奋的理想主义，缺少一种坚定的、清醒的乐观主义。这些精神将会使人甘于奉献，全身心地投入传道；也会迫使人违背自己的意愿，触及当前我们身边存在的生活问题。

神学院的精神或多或少具有排他性，因此延续了古老的祭司精神，这种精神常给个人和国家带来破坏。排他性源于神学院使用的教学方法和学生们的生活方式。这在许多情况下是因为受到传道召唤，抱有迷惑性的理念。毫无依据地信仰这种召唤，常常导致年轻人产生骄傲、排外的精神，而非谦逊的精神。没有人比我更相信牧师天职的庄严和崇高性；但我们看过太多牧师表现出这种优越精神，不得不问：这种优越精神从何而来？伴随这种优越精神的，常常还有一种依赖的精神，这在很大程度上是神学院对学生提供资助所致。二者极大地阻碍了年轻人的发展进步，因为这段时间正是他们应该去处理个人与公民关系问题的时候。

神学院还具有强烈的中世纪特征，过于远离现代生活。年轻的神学院学生不会通过在星期日去乡间布道来接触生活。因为在大多数情况下，除了获得微薄的报酬外，这项工作的唯一结果就是养成讲道的坏习惯和忽视日常的神学院工作。为了接触生活，学生们在他的职业生涯中有必要拿出几个月的时间，或从每周、每天中拿出一部分时间来专门从事实践工作。芝加哥的穆迪圣经学院等一类学校都在一定程度上给基督教事业带来了不可估量的伤害。不过，这一伤害或许可以部分地被那些实践工作取得的成果抵消。

此外，我们的神学院没有，或许也不能，教他们的学生了解和认同当前普遍流行的科学精神；然而，如果牧师要以某种方式或在某个地方，去处理涉及公民机构的现代生活，就必须珍视这种精神。

神学院还存在着另一方面的严重缺陷。社会之于准牧师，应当犹如人体之于准内科医生，然而普通的神学院学生几乎对现代心理学和经济结构基本原理一无所知。对于神学院学生来说，这些知识相当于医学院学生在开展工作中所必须学习的人体解剖学、生理学与病理学的知识。作为一项心智训练，神学院的课程可能是最好的；但神学院开展的具体职业的实践培训却算不上最好。神学院过于关注过去，且没有实际应用到当前的环境中，因此神学院的举动像是一所医学院不开设解剖学、生理学或心理学课程一样。

这给我们带来了一个问题：作为管理社会事务（含大型的工业系统）的政府机构和社会机构，神学院应该关注二者的哪些方面，参与其中并促进社会稳定呢？考虑到教会和牧师可能会有的顾虑，神学院应立即根据这个目标调整教学，并将其视为头等大事。

如果牧师要指导资本家如何与工人来往，那么必须通过实际接触才能了解工人遭受的苦难和不公。反过来，如果牧师要告诉工人如何与资本家打交道，那么必须学习一些重要的商业运行规则以及当前复杂社会的运行规则。如果牧师要给职员提建议，他必须详细了解管理生活中各种机构的活动。如果牧师想成为领导者，他必须接受一定的领导力培训。神学院要负责开展这类培训。已有一些实例表明，有些人是在学习过法律课程后进入牧师行业的。这些人几乎都取得了相同的成功，都符合我曾提及的道路方向。

以上几条是我对神学院如何在这方面履行职责提出的主要建议，也是我对如何实施这些建议提出的几个主要具体看法。当然，还有一些要说的建议已经通过预期的方式表达过了。

神学院的首要任务将是更为普遍、深入、持续地灌输民主精神。我们的机构都是民主机构。如果一个人的内心未能完全由民主精神支配的话，就不能理解这些机构。教会一直以来，直到今天，本质上都具有贵族性。不管大众的认识正确与否，教会未能深入民心的一个原因是大众觉得教会今天和过去一样，在很大程度上都是站在国王和富人一边的。如果基督教会想要在美国等民主国家保持影响力，那么就要在精神和方法上做出重大的改变。

我们必须向神学院的学生呈现民主存在的重大问题。民主原则还未制定出来；在一些问题未得到解决之前，民主原则也难以制定出来。我认为，这些民主问题如果没有教义的启发，也难以得到解决，那些训练有素的基督教牧师和学生，正是我们所寻求的能够解决当前困扰我们的问题的人。如今，许多牧师和教师甚至都不知道这些问题的存在，但他们却认为上帝在指引他们完成自己的使命。上帝或许会利用无知的人来完成使命，但从不是出于自觉的选择。

神学院必须让学生接触普罗大众，尤其是接触那些认为“教会无用”的人。可悲的是，他们竟然在走上牧师工作岗位时还未能全方位地贴近那些庞大的、不信任博爱的大众。在乡村教会讲道不能提供这种训练，听罗伯特·英格索尔（Robert Ingersoll）①的演讲也不能提供这种训练。牧师必须自己去亲身体验才能获得这种训练——通过观察整个社会中腐朽的污秽、整个阶层中陈旧的腐败，以及那些使人窒息的亵渎性话语。

因此，神学院的学生至少应该在饱受苦难的可怜的穷人中生活一段时间。这段经历将使他们看到那些处在沮丧、绝望边缘的人发自内心深处的哀嚎，并给予同情。那么这段经历对于这些将

① 美国法学家、雄辩家、讲演家、律师。——译者注

要走上乡村布道台的人来说是否有用呢？问题的重点不是神学院的学生在哪里工作，而是在未亲眼见过贫穷与犯罪之前，他是永远都不会理解耶稣的一生的。

边疆生活或许与上述经历具有同等价值。在边疆，人们可以了解到人类内心在没有社会种种限制下的自然倾向——这对于指引那些堕落之人是很有必要的。

神学院还要设计出适当的方法来培训那些愿意在下层社会中工作的人。有一些牧师正好有机会在富人阶层中开展工作，但在普通大众中开展工作的人则很少觉得自己的工作令人满意或有成效。训练有素的人不仅难以开展这项工作，也基本不会去做这项工作。那么这项工作该如何开展呢？这里就体现出贵族精神：要么把这项工作留给救世军，要么留给那些为了报酬而假意愿做这项工作的人。这是一个关乎民主和教会的问题，神学院必须予以解决，否则可怕的破坏会降临到教会和整个国家。我们需要成千上万个爱德华·贾德森（Edward Judsons）[①]和格雷汉姆·泰勒斯（Graham Taylors）来传道。

神学院的学生必须学习和了解公立学校制度，并对这个制度进行补充。我们难以预知我们的教育制度再实行五十年会产生什么结果——它训练人的心智，但在很大程度上不涉及道德方面，没有宗教，没有伦理道德，仅仅磨砺了智慧的锋芒。罗马天主教徒在迎接这个问题的挑战，而我们新教的教会却几乎完全忽视了。盲目地相信星期日学校会去做那些公立学校所不为的事情，将导致我们忽视那些致命的危害。

---

① 美国著名传教士，著有《机构性教会》（*The Institutional Church*）。——译者注

神学院的学生应该具有独立的精神，而非依赖的精神，即便依赖上帝也该受到责备。有些人将依赖上帝称为信念，但我认为那更像是具有迷信性质的惰性，对任何具有真正意义的活动都有致命性的危害。过去那种依赖政府来维持生活的传统仍然萦绕在我们身上。我们应该将其摒弃，取而代之的是，珍惜所有民主机构中都蕴含的诚信和认真努力的精神。这种精神构成真实生活的一部分。我们替别人分担，但不求别人为我们分担。这才是民主的精神。

我的第二个建议不太容易表达。在神学院中，我们极力主张新的教会教义和新的牧师理念。可以毫不夸张地说，我可以制定这个新教义。新教义的制定将与民主原则紧密相关。新教义或许可以在未来的半个世纪里完成。现在，我们可能正在努力去获得它最浅显的一瞥。我认为教会还未根据新的环境来调整自己。关于教会和教会方法的旧有观念并不能应对当前以及未来的问题。这种陈旧的东西过于僵化，虚无缥缈，如我在上文提及的那样带有局限性。但如果你问我该怎么做，我也只能在黑暗中摸索，不断地朝向一个理想的方向前进；且理想的方向已经在四处开始闪现。

我们应该传授并践行的理念是，教会对其机构内外的人都具有同等重要的责任。这或许是我们当前践行的一套理论，但并未被当成工作依据。大多数教会的职能都主要局限于照顾自己的成员。如果它能帮助克服这一弊端，那么我希望教会能忽略成员和非成员之间表面上的界线。

此外，神学院还应该告诉学生们，如今已没有必要把基督教的各大教派分开——教派之间的联系在很大程度上（而非完全）是一个历史偶然性问题，或者说是一个与各个教派气质相关的问题；任何情况下，所有教派进行通力合作都是可取的，且在许多情况下也是可行的。教派主义是必要的也是可取的，但我们要尽量扬长避短。这将在教会对外界施加影响时发挥明显的作用。

神学院还要教导学生，教会和日常的所有活动都相关。如果教会想要代表耶稣的精神，就一定是这样：使人在生命的每一个瞬间，每一件事上，都能感受到耶稣精神的影响。各种形式的娱乐为牧师提供了合法的工作场所，牧师可以在这些场所中为人类做更多。教会关心智慧的提高，同样也关心道德的提升，还关心身体的发展。

神学院还要教导学生，教会应该通过它的牧师，承担起造福人类的职能。耶稣能够医治灵魂。许多从事人道主义工作的机构正在吮吸着教会的生命之血。在这点上，罗马天主教再次展现出比新教更大的智慧，因为几乎在所有情况下，罗马天主教建立的人道主义机构都是教会。

神学院应教导学生牧师的工作不仅仅是传道。当前神学院百分之九十的工作都是基于传道理念开展的，然而事实上，传道应该在牧师工作中占据不到十分之一的比例。牧师在布道坛之外所说的东西更重要。我们并不需要之前那样的传道，这不是因为我们变得更好了，而是因为以传道为业的机构在不断地增加和发展；日报、杂志、书籍、讲座课程，甚至是剧院都开展了布道——其中的一些布道远比我们在布道坛上听到的好。牧师应该认识到这个事实，并通过自己的实践努力来切实运用这些布道。为什么牧师很难有听众呢？因为当前的普通听众在个人喜好和性情、智识水平、年龄层次上各不相同，同一场布道很难满足所有人的需求。如今是一个专门主义的时代，大多数拥有三百个信徒的教会都至少要将其信徒分成六类需要专门布道的群体。有时我想，如果研讨会的方式能适用于布道坛和教会工作，那将是可取的。牧师必须是一个组织者。我们应该在神学院教导准牧师对什么进行组织以及如何进行组织；牧师会在我们的公民机构中找到开展组织工作的最好方式，从而使所有人获益。

神学院首先要努力鼓舞学生养成良好的精神：对外部的影响持有合理的态度，这些外部的影响本来是教会的附属之物，让渡它已让教会付出了巨大的代价；包容的精神而非排他的精神；勇于进取的精神而非胆怯的精神；“上帝是世人之父”，教会也因此应该为世人所有。我们应该将神学院的学生培养为圣人而非牧师；他们像兄弟一样随时出现在人们身边，向人们一一描述人生之路；教导人们要做什么、不做什么，教导人们人生的职责、人格的价值。我们要培养学生成为圣人而非先知。没有受过训练就能成为先知的人也有少数，但这少数就够了。教会最需要的，不是靠雄辩来打动众人的人，而是通过自己的生命和话语来拯救每个个体的人。我认为，救赎并不是哈迪斯（Hades）①所说的解脱，而是让生活处在不断的完善之中。从一开始先知的数量就很少，真诚、认真的教师或圣人的数量却很多。耶稣更像是圣人而非先知。圣人开展的工作，而非牧师或先知开展的工作，才能使教会和我们的公民机构形成适当的关系。

我的第三个建议，同时也是最后一个建议为，神学院的正规课程应该根据新的环境进行调整。如果现在环境没有变化，那么调整的基础便不存在。没有人会否认民主在五六十年里发生了巨大的变化；教育在每个阶段也都发生了变革；今天的商业界在其运行方式和整体特征上也与半个世纪以前完全不同。医学院的课

① 古希腊神话中的冥王。——译者注

程设置已发生变化，法学院的情况也是如此，尽管程度没有那么大。据我所知，到目前为止，针对专业人士的课程只有神学院还和五十年前保持基本一致。

因此，我冒昧地提议神学院应该引进心理学和教育学，相关教学也应该根据牧师的意见进行调整。

近来有位作者已经对心理学和其他学科之间的基本关系作了很好的阐述：

> 心理学在当前的思想中占据中心位置，影响到生活的方方面面。心理学从分析简单的思想、感情出发，直至洞悉最高级的行为、情感、思想与创造机制。心理学从研究个人的心理组织出发，推进到研究社会的心理组织、社会心理学，再到艺术和科学、宗教和语言、历史和法律这些方面的心理学。心理学从哲学家这个小圈子起步，如今已在精神生活的各个方面驾轻就熟。如今，历史学者为心理学阐释努力，经济学者为心理学法律努力；法理学从心理学的角度看罪犯；医学强调心理援助的价值；生物学者在天演论中加入心理学元素。从幼儿园到大学，从医院到法院，从剧院到教堂，从客厅到议会，心理学对美国日常生活的影响已经像对欧洲的影响一样可以清晰地被感知。心理学产生新的希望、新的恐惧、新的规划和新的责任。

关于教育学，可以阐述的太多了，在我看来，教育学仅仅是心理学的一种运用。我们甚至都没有意识到在所有的工作中，不管是为了教会还是为了国家，收益最大的都来自那些与儿童相关的工作。我们在此又可以从罗马天主教那里汲取智慧。但现在这项工作，至少就它在大学工作的具体应用上，必须在神学院中完成，否则就不要做。

神学院应该讲授经济结构原理。牧师要向当今和下一代人宣扬道德，就不可能不触及社会发展的规律。耶稣就这样做了，耶稣的追随者也应该做。在很大程度上，正是牧师对这些事情的无知，以及他的言行表现出的这种无知，才使得商人们对教会敬而远之。与之前一样，我们必须从传教士的角度来提供指导，而不仅仅提供缺少具体实践的一般信息。

我们要比以往更全面、更深入地指导学生理解《圣经》和《圣经》教义的发展。如果有必要，神学院可以放弃一些曾普遍被神学院学生视为眼中钉的工作。在神学院，我们可以找到规范人生和各式生活的原则；在这一点上，我们应该比以往更加重视。对过去几个世纪所揭示的真理的历史研究，本身就是为我们这个时代的公民机构所做的最大、最有效的准备。

如果时间允许的话，我想指出《旧约》相比《新约》的几点优势。这曾是几年前乔治·亚当·斯密（George Adam Smith）演讲的主题。《旧约》呈现的是上帝与国家的联系；《新约》中呈现的是上帝与个人的联系。从真正意义上来说，《新约》并不能取代《旧约》，只能对《旧约》进行补充。在此我不得不省略很多原本打算说的内容。

我试图阐述的主张具体有如下几点：

1. 当前最为迫切的一项工作是，教会要对公民机构有所作为，且与其保持联系。

2. 作为教会的领导者，牧师要通过与公民机构保持密切频繁的联系来开展工作。在此我将工业机构和教育机构都包括在内，它们本身就是公民机构的一部分。

3. 神学院必须认识到自己处在新环境之中的事实，其需求已经和三四十年前、五十年前大不相同。神学院还必须谨记，他们在很大程度上要为教会工作的数量和种类负责。

4. 神学院必须接受新的洗礼。我敢说，神学院接受民主精神的洗礼是神圣本身的一种表现形式。

5. 神学院必须开展新的关于教会工作范围及其作用的教学。毫无疑问，这项教学建立在《圣经》的基础上，它将使教会不再停滞不前，眼睁睁地看着自己的心血付诸东流。

6. 神学院必须为培养准牧师在新环境下开展工作做好准备。如有必要，神学院必须舍弃一部分工作，这些工作本身是好的，但可能并不是当下所需的。

十四

神学课程是否需要改进，如何改进

目前，神学课程并不适宜学院当下的状况。这些课程不仅浪费时间和精力，也不利于那些与其紧密相关的事务。更重要的是，它们占用的时间和精力原本可以被投入其他更有价值的课程中去。

如果学院的神学课程应该改进，那么，可能要考虑两条改进原则。这两条原则应该在提出具体修改建议之前得到充分的考虑。

第一条原则是，神学课程的改进应该符合现代心理学和教育学的规律，也要与我们的实际需求相一致，还要适应学生和学生的就业。修订神学课程的人要将这一原则铭记于心。

我们应该尝试着改进神学院的课程，以吸引最优秀的人。与进入其他专业和职业的学生相比，这些将成为牧师的学生的品质更值得关注。现状是不乐观的。这种现状不能完全归咎于神学院的课程安排，因为其与神学这个专业本身的特点存在关联。目前，许多优秀的人士认为可以通过其他途径获得更令人满意的教育效果。

理想的神学课程应该有这样一种特质，即它所提供的教学内容与学生个人的学养和能力相匹配。没有人能够掌握全部，甚至是大部分的知识。对于某些人来说，他们的兴趣可能只集中在某一知识分支而非其他知识分支之上。对于他们来说，那种千篇一律的学习是令人讨厌的，是浪费时间的，甚至是会造成伤害的。神学专业招收的是一些心智成熟的学生，除了一般性的《圣经》知识以外，没必要让他们都接受同样的教育，而是应该让他们接受有差异的教育。对某一个学生来说有用的课程对其他人来说可能会造成损害。个体在多样的环境中，才能更好地发展。

应该给予学生着眼于未来的教育，使他们将来能成长得越发强大。许多学生，一旦离开了学院而进入牧师岗位，就开始失去他们的学习能力，这一事实令人唏嘘。在某些情况下，这种结果可能是无论如何都无法避免的。但在许多例子中，这一结果都是由学生在学院所接受的错误教育所造成的。换句话说，学院不应该是一个让学生去学习特定观点，去接受特定意见的地方，而应该是一个让学生学会思考的地方。学生们为受教育花费自己的时间和金钱，应该收到回报。这种回报，不应只是知识，而是经过多年牧师实践才能够得出的、本质的东西。在规划神学院的课程之时，应该将这点铭记于心：学生正在进行的学习还将会持续许多年。应根据一个唯一的目标来安排课程的每一个小时，这一目标便是要使得教育随着时间的流逝仍能够帮助受教育的人变得越来越好。有了这样一种教育，学生们将不会在45或50岁的时候不得不离开教堂的讲坛，他们在60岁的时候将会比35岁的时候更为强大。这不就是我们想达到的目的吗？

我们所需的教育要能让个人很好地适应环境。所以，既需要对于个人的研究，也需要对于环境的研究。教师去研究自己的学生是很重要的，学生去研究自己的环境也是很重要的。在许多情况下，失败仅仅是因为一个人没能力使自己适应所处的环境。教育首要的目标就是使个人适应环境。

这就说明，需要遵循第二条原则改进课程，课程修订需要满足学生工作领域的独特需求。这种需求要关注学生所处社会环境的状况。

首先，神学院学生的教育应该适应现代的民主环境。虽然真正的民主还没有施行一个世纪，但如今的氛围和我们祖辈的氛围在本质上是不同的。甚至，50年前的人都想不到今天会发生什么样的事情，也想不到引入自治会带来何种结局。但是，我们还未把神学课程改进得能适应这种新形势。如果学生将要在一种民主氛围之中工作，他自己必须拥有民主精神，也必须学会用民主的方法进行工作。一般的神学院并没有民主精神，也没有民主方法。如果神学院不允许使用民主精神来指导工作及工作方式，那么牧师们会发现自己的工作机会将会减少，工作质量也将会降低。

其次，应该做出改变，给予学生接触现代科学精神的机会。进入神学院就读的学生中，大多数人就算知道科学知识，也只是知道一点皮毛。他们大多来自小型派系学院，仅有一些人能适应科学教学。如果一位预备阶段的学生被送入一所州立院校或者一所综合性大学，他将在那直接且准确地学到科学精神，但他将面临偏离自己的布道目标的危险。如果他去了一所小型派系学院上学，那么他将无法充分地学习科学或心理学。这使得神学专业的学生普遍缺乏科学素养，对科学工作只有一丁点或者说完全没有认同感。他们完全缺乏与现代文明最伟大的因素——科学之间的关联。那些没有受过科学教育的学生和那些受过科学教育的学生之间没法就课程主题展开高效的对话。我们应该惊讶的不是那些维持与教会联系的科学家的人数如此稀少，而是虽然不想倾听布道却仍维持与教会联系的人数是如此的庞大。

最后，必须找到一种改进方法，使神学课程能够满足当下特定社会条件所产生的需求。事实证明，一般牧师无法对下层阶层产生影响，也影响不了上层阶层。国家之中处处都有富翁，且每十年，富翁的人数都在增加。正是民主本身使得富翁群体数目的增长成为可能。也许，未来最有趣的难题会是如何应对富人阶级，以及对于成长之中的有影响力的人士应该持有何种态度。人们应该着手解决这些难题。这些既是教会的难题，也是民主的难题。人们根据社会学的方法，正在采取一些措施来教育学生，使他们以后能影响工人阶层。但是，还没有人提出过如何教育牧师让他们知道如何能够对富人阶层产生影响。

以上讨论的是改进神学课程时必须依据的两条原则。在提出具体的改进建议之前，我将对目前的神学课程提出一些批判。方便起见，我将分四点进行批判，第一点与神学课程的外部特征相关。

当前的神学课程只有一种实践项目——传教。在一百年以前，这是足够的。但是在现代社会，在不同阵线上工作的世俗工人是非常多的。教会有责任为这些人提供特定的教育。现在只有简单、零散的传教，且质量是低劣的。为什么不能拓展神学课程的实践项目？

有充分的证据可以支持我的另一观察：神学院当前的课程过于注重培养学生的一种狭隘且排他的精神。城镇之中的神学院就是这样的，它们禁止了学生生活中多种多样的活动，否则教育效果不会是今天这样。迄今为止，神学院接收的学生还是那些未在文学和科学上受过充分教育的人，课程只有非世俗课程。美国大多数的神学院位于偏远之地，与现代生活相隔离。在这些机构接受教育的学生一般是不可能拥有一种广博且大度的精神的。当然，还有一些人，他们超越了狭隘的教育所划定的界线，但是他们只是例外，且相对较少。

我反对学院为那些申请同样课程的人士，一视同仁地提供房间，免除学费，并提供经费支持。这种方式也是一种中世纪的传统，与我们的现代民主精神并不一致。为反驳我的批判，有人可能会举出政府陆军学校和海军学院的例子进行类比，但神学院与这些院校不具有可比性。的确，在学院采取的教育系统下，已经培育出了优秀的学生，但是，这些人才是在这种资助方式下产生的，而不是因为这种资助方式才产生的。总的来说，如今这种资助方式会降低学生的水平，成百上千在这种资助方式之下学习过的人证明了这一点。这种资助将神学专业的学生置于一个低于法学或医学专业学生地位的位置，它在学生生涯的最初年月里滋养出了一些恶习，在很多情况下，这些恶习将持续终身。没有什么比相当大比例的牧师阶层所表现出来的完全缺乏独立性的现象更让人觉得可鄙的了。虽然这种资助与一百多年前的方式一致，但是却不再适合现代的民主精神了。

第二点批判与神学课程中的特殊研究主题相关，也与前文所述的内容相关，即在神学院学生的教育设备中缺乏科学实验室。配备实验室是学院的职责，应该在学生进入学院之前就完成。但是，神学院训练学生时，会让学生将几乎全部的精力都投入到人文学科之中，因其缺乏足够的设备来进行科学教学。大型院校会使用令人满意的方式来进行科学教育，这就会让大多数毕业生不再考虑神职。如果大学没有为学生提供实验室这一教学设施，那么，学院必须采取必要的方法来提供这种设施。我们不能忽略，苏格兰和英格兰的许多学院中都创建了科学讲席，如亨利·德拉蒙得（Henry Drummond）在格拉斯哥自由教会大学（Free Church College in Glasgow）所占据的讲席就是这样一种科学讲席。唯物主义已经在当今的现代科学之中成长起来了。如果不具备现代科学工作者的方法和精神，则必将被淘汰。

除此之外，与现代科学学生一样，神学学生也要了解现代心理学。神学学生所在的小型院校提供的心理学教学和科学教学有着同样的特点。和50年以前一样，学生对现代心理学大都仍旧感到陌生，这同样适用于教育学原理。儿童（少年）研究对牧师和教师来说一样重要，与他们的工作都直接相关。因为儿童（少年）正处于12至18岁的过渡阶段，他们在这一阶段的心理以及与这种心理相适应的教育方法是现代神学组织机构工作必须关注的对象。

大多数神学课程最需要修改的地方是经学教育。人们一直很关注神学院的英语经书教学。一系列事实表明，学院正在实施小规模的英语经书教学。在很大程度上，人们已经放弃了旧式的在家学习的习惯。在进修学校，即使是学习了很长时间，也几乎不会获得什么真正的经文知识。学院学生忙于其他事务，学习资源不足，以致虽然完成了课程，却在经文学习方面没有任何进步。神学院所输送的牧师不仅在经学思考上没有进步，甚至对《圣经》中最常见的材料都不熟悉。这些学生的时间要么投入了对一门新语言的枯燥学习之中去了，要么投入学习新方言之中了，或者投入那些详尽的对经文章节的注释之中了。他们对于国民生活的伟大变革，对于当代史，对于社会的发展，对于非世俗思想的逐步演进仍旧是无知的。再次强调，最重要的一点是，神学课程需要改革。接下来，我将对神学课程改革的起点进行批判。

神学专业的学生花费了五分之一的时间来学习希伯来语。这项学习是强制性的，否则，大多数学生都会忽视它。在大多数情况下，这种强制性的语言学习是令人讨厌的，非常浪费时间，而且对学生价值不大。至少，对某些学生来说，这些时间如果用于学习英文经文则会好得多。在这个国家中，只有一两所院校有勇气将希伯来语变成一门选修课。希伯来语的必修要求，对学生的士气造成了不可估量的伤害。应该将希伯来语改进为一门选修课，进行这种改进有两个原因。首先，那些年龄偏大的学生确实不再适合去掌握一门新语言，让他们把时间投入其他事物上去，有可能为他们带来更大的好处。除此之外，从另一个角度来看，这对那些自主选择学习希伯来语的人更好。希伯来语将成为一门体现自由意志的课程。进一步说，教授希伯来语的教师将产生一种义务，即将这门课程变得有趣，以吸引选修它的学生。如今，希伯来语教师不需要努力，因为学生被迫要去学习他的课程，因此，他没有动力去把活力和能量投入这门课程之中。要让这门课程变得有趣且有益，是需要活力与能量的。在任何教育工作领域之中，都不会有比希伯来语教学与研究及相关事务更大的闹剧。人们可能会说，将希伯来语变成一门选修课，将会降低教育的水平。那些了解神学专业学生学习希伯来语的实际状况的人，是不会做出这种判断的。的确，人们渴望每一个人在宣扬和阐释经文的时候，都能够直接阅读原始文献，但是，这只是诸多要求之中的一个。如果不能达到全部的要求，那么就必须放弃一些要求。

在神学院的专业训练之中，对英语文学的训练应该占据绝对的主场。人们可能会质疑这一点，他们并不认为精通英语文学有那么重要，不认为其重要性仅次于精通经文。那些伟大的英语作家，已经用有形的形式表达了人类灵魂的共同情感。并且，当这种表达再次触及它的受众时，常常会引起直接的回应。准备选择神职的学生还没有理解这种强大武器的无限力量，否则他们将会训练自己用更高超的技巧且更频繁地利用它。普通的学院在英语文学方面毫无疑问是孱弱的，它们不可能过分地要求人人都成为英语文学方面的专家。但如果学院想让学生把更多的时间分配给英语文学课，那么可以让许多其他学科为其让步。

但是实际情况是，学生对伟大的英语文学著作缺乏了解，毫不熟悉，且不具有用强有力且地道的英文表达自己的能力。这说明学院教育在过去所做的努力是不成功的。实际上，学院也为教育学生使用英语付出了努力。许多被学院录取的学生，甚至都不懂得英文表达的基本原则。在近几年，一些院校意识到，毕竟，教育追求的结果之一就是教会学生表达，于是，它们开始认真对待这件事情。但是，若要普通学院都达到这种教育效果，显然还有很长的路。学院将做好充足的准备，来训练学生的英文表达。为了让学生有机会熟练地使用英语，从入学第一天起，就应该像所呼吁的那样，实施依据主题的研究学习，并且，如果有必要的话，应该略去许多其他的课业。要知道，讲道不属于英语文学的领域。一门专门的英语文学课程，应该是每一所结构优良的学院的课程的一部分。

第三点批判，针对的是神学院的整体规模。前面已经讲到了这部分的内容。新课程鼓励行业各有专攻，这和当前的这种要求人人学习同样课程的观点是相悖的。例如，有些人天生就想要讲道，他们可能是有学识的，但是他们永远都不会成为学者。他们并不是天生就懂得职业职责，但他们能够用他们内心所珍藏的真理打动人心。应该鼓励这些学生去讲道，而不是去从事一些他们不具备天赋的工作。应该为他们安排一些特殊的培训，以使他们能够成为强有力的讲道者。这些特殊的训练一般是一些寻常的课程，应该删减这种寻常课程之中的某些科目，替换为另一些科目，以便激发出学生的天赋和才华。

但是，对于其他的那些表现出不同心智态度，且拥有不同性情的学生，应该建议他们去选择能够训练他们从事专业工作或一般工作的其他学科。一个人无论拥有何种能力，都无法满足全部的现代需求。那么，学院就应该调整自己的组织形式，让两或三位拥有不同能力的人能够在同一个领域中联结起来。有时，甚至会出现一个人因同时付出了两方面的课业努力，而压力过大选择自杀的悲剧。

如果那些投身于教育事业的人中，有相当多的人是由献身精神来主导其生命和思想的，那么这对于我们全部的高等教育机构来说将是一种巨大的进步。如今，这一时代来临了。那些已将生命奉献给社会服务的人，作为服务的一部分，愿意去教授各种各样的科目，这些不同的科目，形成了学院和大学的课程。同时，各学院之中的文学讲席也在成倍地增加，与经文课程有关的学习机会正在快速增加。一位经文教师因为他的社会服务而收到额外的收入，已是一件平常的事情了。

在现代，教会管理事务也具有十分重要的意义。应该鼓励那些因为这样或那样的理由进入了学院，且具有行政思维能力的人，去合理地分配自己的精力和时间。尤其是，要把从事管理事务作为职业目标。学院在管理中所遇到的难处，都可以归结为没有为那些想要承担管理工作的人提供必要的资源。25年以前，人们从来不会建议一名学生，要为成为学院里的一名教授而做好准备。如今，很多大学都已为那些声称其目标是在学院类机构里从事教授工作的人设置了各种课程。20年后，将有学生从一开始就宣布，他们的目标是学院和大学的校长等的职位，他们也将为专门从事这类职业接受多年的训练。

现代生活中，越来越受到重视的另一项工作是音乐工作。那些主持这项工作的人，应该是一些受过训练的人。这种训练包含关于音乐的专门训练。应该鼓励那些在音乐方面具有天分的人去做专门的准备，以使自己适应这种类型的工作，并且学院应该要求这种训练成为其课程的重要组成部分。

另一种可以应用于国内外工作的思想是关于医学的思想。现在，让我试着将整件事情放在一个单一的提议之中：拓宽牧师这个词的含义的一天已经到来，因为在神学院的培养中，医学、法律和教育的专业性正在形成。在村庄和小型城镇之中，一个人可以独自完成牧师的全部工作，同时也可以从事医学和法律方面的工作。这可以说没有给专业主义以立足之地。但是，在小型城市以及大型城市，专业主义的时代已经来临了。而且，牧师之中的专业主义和任何其他专业之中的专业主义同样必要。如今，神职所处的位置就是25年以前法律和医学所处的位置。教会的保守主义解释了这种阻力。在民主情绪的影响下，神学专业并没有获得其他那些专业的那种发展，这种事实也说明了，为何那些能力更强、更开明的人无视神学专业，而是选择了其他的专业。

第四点批判将涉及学院所使用的教学方法。选修制系统应该像塑造其他院系的课程一样，来塑造神学课程。全部学生的常规课程不应该超过总课程的三分之一至二分之一。从教育学的观点来看，将某专业学生的时间平均分配到4个、5个或6个系是荒唐的。为了给学生机会去学习、研究他最感兴趣的那些科目，选修制系统是必要的。神学领域十分宽泛，包括语言学和哲学，历史和社会学，哲学和教育学，修辞学和文学。没有人能够对所有这些研究领域怀有同等程度的兴趣，一个人一般只能够精通其中某种领域，因此，应该给他机会去选择一个他最感兴趣的领域进行研究。在某些特殊的科目上，为了让学生能够进行足量的学习以养成学习习惯，选修制是必要的，而当前的情况不得不让学生流于肤浅的表面。指定学生承担定量的学业义务，某种程度上就是不允许学生获得关于任何科目的更深层的知识。这些更深层的知识，可以引领学生成为某一个科目真正意义上的学习者。正是因为缺少选修制系统，如此多的学生在离开神学院之后，即使在最肤浅的层面上，都不再是一个学习者了。

在学院之中，会对选修制产生抵制作用的是各个系的一般分配，这种分配多半是过度人为的。学生们在这些系里学习，没有意识到系的分配的人为性。换句话说，这些系没能将学习的内容关联起来。现代经验指出，当学生全力投入一个问题时，无论这个问题将带领他去学习哪个领域，他都会跟随这个问题进入这个或那个系的学习之中。应该安排这样一种课程，让学生可以系统地学习那些伟大且基本的课程。可见，是时候将比较法引入到学习之中去了，同样也要引入其他神学在其中已经占据重要位置的思想领域之中去。

引入选修制还有一个理由，即目前已有的课程要求在特定的时间内覆盖非常广阔的知识，这种要求显然是不切合实际的，应该进行调整。调整的核心就是鼓励学生为了自己投入对某个特定科目的探索中去。讲座法不尽如人意，教科书法更是如此。当然，在一些特殊情况下，仍旧必须使用这些方法，但是，专门使用某一种或者全部使用它们，都无法为学生提供那种训练，即当他们作为一个独立的学生，不得不去面对自己的学习困难之时最需要的训练。在神学课程的科目之中，只有很少的科目不适用这种方法。通过鼓励学生为自己而投入探索之中所获得的结果，必然比以其他方式获得的结果要有价值得多。因为，这些结果是靠学生自己获得的。

就像医院之于医学学生，或者法庭之于法学学生一样，神学院也应提供能让学生为职业目标服务的环境。找不到更好的形容，暂且称它为“神学诊所”。神学院提供的环境不限于参观贫民窟的工作，还包括特定的社会服务和经文著作研究、教育方法研究、组织研究等工作。这种诊所式的或者说实验室的方法，已经成为大城市学院的一种学习特质。事实上，就学习的状况而言，任何其他地方的学院，都比大城市的学院存在更多的缺陷。在同样情况下，医疗条件也是这样的。但是，即使在大型城市，人们也极少接触到这种学习环境。虽然，存在一种风险，有可能学生会把时间用在追求经验上却毫无结果，但是，可以将这种风险降低到最小值。一所医学院校如果没有附属诊所，就只是一所教授特定科学知识的学校，而不是一所训练医生的学校。

应该给每一种课程划拨出一定的时间，让学生在导师的指导下去工作。应该在这方面花费足够长的时间，以便给予学生一种关于实践工作的真实体验，时间不应该少于三个月，或者不少于整个预备教育阶段的九分之一。再也没有哪种方式，能够像这种一样可以如此轻易地获得实际经验了，并且用这种方式能够很大程度地避免犯那些刚工作第一年的牧师经常会犯的错误。就好比法学学生会花费一定的时间在律师事务所中实践，医学学生会花费一部分时间在医院里实践，神学专业的学生也应该花费一定的时间在牧师的带领下在教会中实践。的确，有人会提出，牧师可能不愿意花费时间，来承担自己常规工作之外的职责，那么我们可以让牧师得到额外的收入，以回馈其给神学院提供的服务。

前面已经多次谈到了各种学生直接进行实践的途径。因为要进行实践，校址最好应该是在城市里。的确，学生，就像他们的导师之前曾需要的那样，也需要有参与各种活动的机会。有时候，这些活动甚至应该持续很长时间，可能会持续数日或者数个星期。

现在我想总结一下关于改进神学课程的建议。

1. 应该为那些想在神学院度过四年而非三年的学生提供一个机会，并且应该鼓励那些能力更强的学生修读更长的时间。要求所有人都修读四年的预备课程是不太明智的。

2. 无论学生有何种独特的偏好，应该为全部学生制订第一学年的课程规划并付诸实施。这些课程应该包括：

（1）一门涵盖《旧约》历史、文学和神学领域的通识课，一门关于教会史研究大纲的课程，以及一门关于神学系统基础大纲的课程。这些课程应该是通识的或者是介绍性的。这些课程每周的课时应为3或4个小时，且应该在一年中的36周内平均地开课。在课程实施过程中，应该采取讲座法和教材法。

（2）在社会学方面，每周召开1到2次讲座，其目标和宗旨应该是尽可能地向学生们展现出其即将就职之处的环境特征。

（3）开展以培养表达能力为目的的常规主题学习。这项学习由特定的教师来指导。应该将这项学习工作和上述所列举的通识课程紧密联结起来。学生在学年期间应该撰写若干篇简要的论文。教师应该从语言和内容两方面对每一篇论文进行全面评价。

3. 在完成《旧约》、《新约》、教会史和系统神学的通识课程之后，我们期望学生在这些领域之中选择特定的领域和主题进行研究。他们将接受特定院系的教授的指导。在选修制度下，每个学生都将需要一位导师的专门指导。

4. 让学生按照他们选择的职业进行分组。将有打算去讲道或者教书的学生，想成为牧师、行政管理者或一般工作人员的学生，与想以音乐工作为职业目标的学生和以医务工作为职业目标的学生区分开来。

5. 学生应该选择一个特定的院系，以在其中开展主要的学习工作。这个系将是学校的六个系之一，即旧约系、新约系、教会史系、系统神学系、社会学系、布道系。学生也可以根据自己的优势选择第二个院系进行次要的学习。

6. 只要求那些以《旧约》或《新约》为主要课程的学生学

习希伯来语，并且只要求那些打算成为布道师或教师的学生掌握一定的古希腊语知识。

7. 鼓励每位打算教书或布道的学生自由分配他在自然科学、心理学和英语文学方面的学习时间，除非他在这些科目上已经取得了一定的进步，并有人能为他在这个阶段的学习中免修这些课程提供担保。

8. 对于想成为牧师、行政管理者和一般工作者的学生，英语《圣经》应是最主要的科目，次要科目应是心理学、教育学和社会学。他们既不需要学习希伯来语，也不用学习古希腊语。

9. 对于以音乐和医学为志向的学生，应沿着专门的路线开展课程。应该努力将神学院的这方面的学习与那些以音乐和医学为专门学习科目的院校关联起来。

10. 尽可能地将学生引导至对伟大问题的研究和调查上来。

11. 在组织实习时，应该将实习机构与学院各个系联系起来。

12. 为每个学生预留出若干周时间，以便让他在一位布道师的指导下学习如何积极地服务。学生将对自己的学习结果进行确切的阐述，由负责指导他的布道师进行评价，并向学院的教职人员汇报评价结果。

13. 应该提供机会，让小组的学生和自己选择的导师，从学院的学习内容之中脱离出来，去一处安静之地，在那度过特殊的活动期。

14. 为了让大学所提供的资源能够为学生服务，应尽可能地将神学院和某一所大学关联起来。这样一来，学生便可以通过与拥有其他观点的学生进行交流来获得更广泛的兴趣。

15. 不管在什么情况下，学院都要收取学费。用来资助学生的钱，应该按照奖学金的形式进行分配。学生应该为学院或大学提供各种类型的实际服务来回报资助。

16. 一所学院不可能提供全部的教学资源，特定区域内的各个学院之间应该达成协议。如果其院校的学生想学习某个特定的专业，就应该前往能够教授这一专业的那所学院去学习。

17. 为了让学院囊括全部类型的教学工作，应该扩大这所学院的规模，若有必要，还应对这所学院进行更名。

十五

大学对商务职业生涯的训练

虽然“商务生活”和“商务职业生涯”这两个概念十分相似，但还是有必要做一下区分。前者自然包括后者，但是在我看来，“商务职业生涯”是一个更正式的表达，如果仅将它应用到广大的从事商务工作的普通人身上，是不恰当的。

在从事商务工作的人之中，只有相对少数的人才拥有自己的商务职业生涯，但这些人的绝对数目是不少的。这些人中有的将成为领导，有的将成为各个部门的负责人。换言之，他们都是生活中的成功人士。这并不是说他们一定是富有的，也不是说他们一定会享受到生活中真正的快乐，而是说他们身处担负职责的位置，并有机会去实践自己的工作方法，还可以用信誉进行担保。这些人是大学商务生活和商务职业生涯训练的对象。

很自然的，只要谈到商务职业生涯，一个人不会向一个想成为船员、普通银行职员或铁路维修工人的人推荐大学的商务训练。从普遍的观点来看，这种训练对于那些处在这些岗位上的人不会有真正的价值。商务职业生涯的训练要么直接和职业生涯本身有关，要么既和职业发展有关，又和一个人能最大限度享有的高品质生活相关。

有两点大约会在十年内实现，一点在商务世界中实现，第二点在大学中实现。没有人会否认，当今商界最好的机遇正在向接受训练的学生敞开大门。实际上，在各种各样的商业行业里，大学生们正在被挑选出来承担各种职责。经验表明，即使大学生在学校期间没有接受过他在毕业后所从事的行业的技术培训，他也并不需要花更长的时间去赶上那些没有上过学院的且已经从事该行业多年的人。而且，他不需要花太长的时间，就能超过这些人。

我们可能会发现，一位相当成功的商人是一位没有接受过学院教育的人。这一现象证明了以下旧思想，即学院的训练并不能帮助学生做好商业上的准备。但这种现象毕竟是极少数的，并且，大学生所获得的几乎同样的成功足以证明，旧式的思想已经难以为继了。大企业正在呼唤那些接受过训练的学生，并且愿意给予这些人足够的机会去学习他们即将从事的特定行业的技术，坚信他们最终都能精通它们。

人们一致认为，如果一个人太晚入行，就会减少他在某一行业中获得成功的机会。必须要注意的是，除非大学生的处境特殊，否则不要推迟太久才让他展开毕生的事业。

然而，我们更清楚的是，一个人过早进入自己的行业，也存在巨大的风险。风险在于，一个人的习惯会在例行事务之中固定下来。在那些较早步入职业生涯的人之中，只有极少的人能够将工作推进到较高水平的商业层次上去。我们会看到，一位列车长是从售票员或火车调度员的职位升上来的。但是，当售票员和火车调度员已经完全确定了自己的职位之后，有多少人会超越这些职位？学院训练的优势在于，受过训练的人一般不会满足于留在一个较低的职位上，尤其是当他意识到自己可以凭借正当的手段去变得更好，且迈向更高的层次时。

在学院和大学里，人们已经意识到针对职业生涯的新式训练是有必要的。有许多学院和大学已经引入了这种新式训练，它在方法上和精神上与旧式的训练没有什么区别。它包括用一些新崛起的科目来替代多年以来构成课程大部分内容的某些旧科目。在做出这些替换的时候，学院和大学意识到，训练不再仅仅局限于少数的科目，所有的科目都有可能合理地推动心智的形塑和文化目标的达成。

在科学以及历史、政治经济学研究领域，许多的可能性已经略见端倪。几乎全部的大型院校都提供了资源并开设了课程来为那些已经选定了自己的特定领域的年轻人提供智力上的训练，这种训练在未来将发挥重要的作用。同时，还让学生有机会了解关于他们想进入的特定行业的全面的情况和知识。

总体而言，学院要为那些想从事商业的年轻人做些什么？学院会为了吸引学生而自降身价吗？学院教育的目标是清晰的，它主要是为了使学生养成一些系统的习惯，让他们能够掌控自身的心智力量，并引导他们的行为趋向正确的方向。

观察到这种训练的一般特质是很重要的。学院的使命不是去提供一种面向某个特定专业或特定研究方向的专门训练。专门训练多多少少是学徒式的。一般训练和专门训练之间的区别包括：前者促使学生能够通晓任何类型的工作，后者只让他们适宜干一件特定的事务。接受了专门训练的学生会发现自己无法轻易地从一种工作转换到另一种工作上去，或者除了极少数人，都无法轻松地从一个领域转换到另一个领域中去。当然，学院学生也需要一定的时间让自己适应新的环境，但是，他们很容易就能掌握这种变化。当今世界许多身居高位的人上大学时都受训于这种一般训练。

如上所述，学院将在这方面向前迈进一步，并且，在巩固刚才所说的一般训练的同时，学院会为学生提供一定的、与其规划选择的商业行业基本主题相关的专门知识，这已经成为许多教育家的共识。

有人说，可以将现代史作为一门与古代史具有同等优势的学科。现代语言，如果教法得当，也可以保证学生在学习古典文学时获得大量的训练。其他各种课程包括为医学道路做准备的化学与生物课程，为法律专业做准备的宪法史和国际法课程，和与政治经济学系相关的，有关商业地理学、殖民化、货币、银行业、保险业等等的指明商业方向的课程。

还未过去足够的时间来确凿地证实，这项政策对于学院而言是否有益，对于学生而言是否有益。但是，如果我们要基于概率得出一个结论的话，那么可以确定的是这项政策的最大优势在于，一般的学生会知道这种课程在未来会对他有真实的效用，那么他会对这门课程怀有更大的兴趣，他不仅仅会获得专门的知识，还会获得与其所从事的工作相匹配的训练。

学院的课程能在多大程度上进行调整，已经很明显了。当然，这个国家的小型学院没能在这个方向上进行重要的变革。像所有其他想把商业训练变成一种专门课程的努力一样，这种努力同样需要花费大量的金钱。有一些院校已经完成了调整，并运行得较为顺利。也有可能在某些情况下运行得过了头，但是，从整体上来看，没人会怀疑，结果将是成功的。

上述内容可以总结为几句话。人们相信，一般训练在大多数情况下是优于专门训练的。学生可以通过学习与专门训练紧密相关的课程来获得专门训练。如果能够避免过早专业化所造成的危害，那这项政策就是可行的；但是，如果教师或学生在进行专门训练之时，没能获得一般的训练，那么，这种政策就是失败的。

最后，考虑到教育的特点，我必须指出的是，这是一件关系到大量赞助者的事情，在这所学校可能成功，但在另一所学校就可能失败。同样的，它可能在一个人身上成功，却在另一个人身上失败。一切都取决于这项工作的执行情况。

十六

学院体育运动是否应该受到资助

已经有人提议，要对学院的体育运动进行资助，在西部，至少有三所规模最大的大学已经在考虑这项提议，但还没有人看到这里面存在的困难。进一步的探索会得出确凿的结论，即对学院体育运动进行资助作为一种实践建议是没有价值的，但是，在得出结论之前，作为一种可能解决高等教育最严重的管理问题——校际体育相关问题的方法，这一提议的确值得人们对其进行认真的研究。

有人可能会急迫地反对这项提议，理由是，如今的学院有其他的项目更需要资助：在各种各样的科学和人文部门都在哭诉要求更多的资源的时候，怎么能把资金投入学院的体育运动之中去呢？让我们研究一下反对这一提议的主体。要资助体育运动的人，可能是不会考虑要资助科学系或者艺术与文学系的。我们不应该忽视这一点。此外，体育运动只是体育文化系的一个分支，如果体育文化系值得作为一所高等学院之中的一个系存在，那么它为何不能和其他系一样获得资助呢？

但是，有人提出，公众完全做好了准备，通过购买门票来支付运动员队伍的花费。如果人们将体育文化系视为大学众系之一，那么，当然可以让它通过大众渠道获得资金支持。只要公众愿意，为什么不允许他们支付门票呢？但是，通过门票筹资也存在问题，即这类公众支持存在不确定性，或者说更糟的是，会带来降格的问题。难道大学为了解决它某一个系的资助问题，就要依赖大众了？相当大比例的人就像对待赛马比赛一样对待体育运动，他们认为体育运动是投机赌博的机会，并以高高在上的姿态审视体育运动。难道一所大学为了门票就要迎合大众的这种趣味？

就像有人已经强烈要求的，应该根据某些方案来收取大学体育运动的门票。那么，还有可能设计出一种比现在实行的方案更好的、更经济的方案吗？还有一点，我们忽视了这一事实，即根据现行的方案，大学体育运动门票的价格是十分高昂的，许多教职工和大量的学生会因为无力支付过高的费用而被排除在体育竞技之外。每年花费在某一所院校之中体育运动门票上的费用不少于30美元，对于很大比例的学生来说，这是一笔相当大的花销。

一种允许全体教职工和学生用3张门票观看全部体育竞赛的方案，能极大地促进一种更强大且更高级的院校精神的产生，同时也会减轻那些需要帮助的人在经济上的压力。对这项方案的最强烈的反对意见可能是以下责难，即这一政策将会进一步发展出那种可怕的幽灵式的家长式制度，理由是它可能会完全免去学生本身的职责，导致对体育竞技的管理成为表面功夫。

可能有人会提出几个问题：如果学生对体育竞技的管理一直是令人满意的，并且，如果这种管理对全体学生做出了巨大的贡献，那么为何近年来，出现了以教职工管理代替学生管理的趋势？进一步说，如果学生对体育竞技的管理在实质上有利于学生群体来掌控和把握学院事务的方向，那为何不能进一步让学生来掌握和管理其他的学院事务？家长制是否将严重威胁这些学院的利益？如果仔细审视这些问题，人们可能会发现一些比学生群体利益更重要的东西。

当然，让多所大学在政策上保持一致是十分困难的。有一些大学可能有资助保障，而另一些大学却没有。虽然如此，但是这真的很重要吗？各所学校的其他系在资助方面也存在极大的多样性，为何在体育竞技方面却一定要保持一致呢？难道那些与体育竞技紧密相关的院校不能拥有一笔共有的资金？如果有的话，那些较弱的院校就能从较强的院校那儿获得一些支持。这类合作必然会促进院校精神的发展，这种院校精神对于教育本身就十分有益。因此，很显然，困难在于以何种方式实现对学院体育运动的资助。

如果学院的体育竞技获得了资助，并且其他系也对其支出做出了预算，那么，体育竞技的实际花费是会减少的。有人相信，削减的幅度能达到50%，这一幅度无疑是相当大的。这句话并不是在暗示，目前存在管理不当的情况。它仅仅说明，若除去某些竞争对手，严格控制花费，更准确地了解关于资源的知识，那么体育竞技的财政管理工作将获得真正的改进。

甚至有人认为，这项政策将移除学院体育竞技之中大部分不合理的元素。随着近来对布朗大学所面临的种种困难的披露，没有人会质疑，存在于东部的不合理元素也存在于西部。许多人相信，采取这项新政策将根除那种催生学院体育竞技不合理元素的动机，各院校之间的竞争也将不会那么激烈，体育竞赛将会被提升到更高的水平上去，体育运动将成为真正意义上的绅士运动。那种从游戏中获得大量回报的特性和体育竞技管理所造成的某些令人不快的特征，都将随着对财政管理的成功而消失殆尽。简而言之，体育竞赛的游戏特征将会转变。几乎在所有的案例中，今天发现的明显的问题都可以追溯到财政政策上去。改变财政政策，滋生罪恶的土壤也将消失。

就如已经提到的，我认为体育竞技工作是体育文化工作的一部分。并且，既然许多院校都认可体育文化系这个部门，那么和学校的其他各系一样，它若要运作良好，它的各个分支部门同样也需要遵守学校为其他科目所定的规章制度。只要体育文化系最突出的工作需仰赖于门票的支持，那么它就无法拥有原本属于它的高级且高贵的地位。如果体育竞技工作对于体育文化系、系里的学生和这所想要确保其以合理方式获得资助的院校来说没有足够的价值，那么就应该立即被放弃。在现在这种管理状况下，与体育竞技相关的问题是如此之多，以致引起了大众对这个系的指责，实际上还引起了大众对高等教育事业的指责。大学内部以及外部的公众意见都要求重组体育竞技工作或不再延续这项工作。

对体育赛事的资助是完全有必要的，如果采取了这项政策将一定会带来政策拥护者所预测的变化。让学院当局从饱受耻辱和责备中脱离出来，变得高贵；消除招致不合法且不道德的种种现象的诱因；消除院校之间的有害竞争；发展高等体育教育事业，使其与心智教育相协调——所有上述这些，如果能够完成，即使是花费再大的代价，也值得我们为之努力。

但是，如何能实现这些呢？如果实行这项政策，那么变化将会逐步发生，这将是一个漫长的过程。如果有人相信，在50年之内，这种变化将在这个国家东部和西部的几所最大型的院校之中发生，那么就值得开始实行这项政策。在短时间内获得任何结果都是不现实的。就如同前面所建议的，如果依据这项规划能够将体育团队的花费降低到当前数额的一半，那么，或许可以用新增的学费收入覆盖体育竞技所需的资金数额。例如，如果每个学生的学费是10美元，那么，一所拥有1000名学生的学校就有10000美元的学费收入，有3000名学生的学校就有30000美元的收入。可能还会有人质疑，是否应该花费这样一大笔钱？以及，在这样的管理下，真的会需要一笔更大的资金吗？或许有些学校的校友会同意每年出资，但是学校则不会，所以可以及时建立一份资助基金。如果我们牢记这是一项伟大的事业及其所代表的伟大利益，其利益处于整个教育体系的中心地带，那么花费25万到50万美元都不为过。进一步说，各所院校之间展开合作，并不是不可能的。因此，创设一份共同基金也不是不可能的。所有人都应该共享这份基金，即使这份基金相当大的一部分资金来自一所院校支持者的资助，而不是来自另一所院校。在这件事情上，在没做出努力之前，没有人知道什么可以实现，什么无法实现。鉴于25年以来沿着这一路径已经取得的进步——建成了如此多宏伟的体育馆，我们难道不能期待，在未来的25到50年之间，将迎来对学院体育运动的适宜的资助吗?

十七

拉丁语和科学的冲突

是否要求学生修读古拉丁语和文学，尤其是当学生攻读的是科学学士学位时？这一问题已引起了大家的广泛关注，并已经在我们的分支之一——奥格登科学学校（Ogden School of Science）的数场会议中体现出来。在1898至1899年间，该校已经举办了若干场探讨科学课程及相关问题的重要会议。人们已经提出了两种完全不同的观点。一种观点认为，所有科学专业的学生入学以后，必须修读一定量的古拉丁语与文学课程。这一观点的拥护者指出，在教育那些偏爱自然科学的学生之时，应提供他们能够将其思想与过去联结起来，同时又能拓宽其视野并帮助其形成优美语言风格的课程。而古拉丁语与文学课程是能达到这些目的的最适宜的课程。那些上大学主要是为了学习科学的学生，那些在大一、大二就花费了较多时间学习科学的学生，都在过早的年龄进入了专业化的阶段。在学院学习的第一年，学习古拉丁语是有益的，因此，可以将时间让渡出来，让学生修习古拉丁语和文学，使他们拥有更广阔的视野来从事其毕生的事业。另一观点的拥护者则提出，在科学专业学生的学位课程之中，古拉丁语应是选修课程，并且，可以录取那些未学习过古拉丁语的学生来上大学，并允许他们继续自己的学业而无须修读拉丁文。这一观点的拥护者呼吁，学生花费太多的时间学习他们不喜欢的科目，他们不会从这些科目中获益。科学领域的科目与任何其他领域的科目一样，也能拓宽学生的视野，并教授其如何进行准确地表述。现在的古拉丁语科目的教学并没有，也无法实现人们对其的期待。学生没有古拉丁语方面的准备就进入了学院，让他们免修这些科目是有极大益处的。目前，低年级（大二年级）学生只给自己安排很少的时间来学习科学，这是不够的。我已经清晰地描述了这两种观点之间的区别，有趣的是，各个科学系的职员几乎是人数平均地分为两大阵营。

从局外人的立场来看，似乎这两种观点都是对的，又都是错的。争论点在于是否让学生与过去以及过去所包含的事物紧密地关联起来。我们知道，每个儿童的成长和发展都是动物数百万年发展史的缩影，儿童从一个阶段发展至另一个阶段，直至他成为一个成年男士或女士，其间经历了人类经历过的全部生命阶段。我们也知道，也有许多人堕落了，他们的发展中断了。据说，人可以在努力从儿童期成长至成熟期并发展出艺术天分的过程中，追溯艺术的发展史。如果这些都是真的，那么，让学院学生对过去年代的思想进行熟悉是十分重要的。这些思想既体现于制度之中，也体现于文学之中。过去的遗产是养成和拓宽视野的基本元素。科学在发展的过程之中受到了极大的阻碍就因为其拥护者中太多人没有掌握这一遗产。因此，允许学生从终点开始学习的教育系统会给学生带来一种明显的伤害。当然，人们并未期盼学生懂得这一道理，也并不该让他们为此负责。这样看来，不给学生提供过去的人文知识的教育方法是不对的，会对之后的科学教学产生不好的影响。

但有人持有相反的观点。一位对其他语言没有兴趣的学生，依照如今这种普通的教学来学习古拉丁语两三年甚至四年的时间，是不会对过去的文学和制度有深切体会的。大多数按照当前的教学方法学习古拉丁语的学生，都没能体会古罗马或古希腊在古代世界和现代世界的重要意义。实际上，学生几乎把时间都用在学习语法上了，而不是文学和文化上。此外，两三年的古拉丁语学习是否能够促进学生对英语的理解力或表达能力的发展，是十分令人怀疑的。大部分学生一直学习古拉丁语和古希腊语却没能获得任何使用英语的技巧。当然，学习古拉丁语本身是能起到某种心智形塑作用的，但是，会有人质疑，难道不能以其他的方式获得同等的心智形塑的效果吗？

对于这个问题，我想提出一种中间派的观点。这个观点是，在每个人的教育过程之中，尤其是科学家的培育过程之中，基本的内容是传承我们从过去所接收的知识。中间派认为我们无法仅仅依靠学习古拉丁语来达成传承的目标。对于那些熟知法语与德语的学生，即使经过一定量的语言课程的学习，也无法轻松地完成对古拉丁语的学习，所以应该让其修读一定量的历史、制度、文学的课程，以替代古拉丁语课程。这项提议与许多院校已经采取的政策十分类似，古拉丁语不再是必修课。

古拉丁语变为选修课，但将要求每一名学生在一定程度上熟悉那些推动我们现代文明进步的各民族的生活和思想，他们遗留给我们的各种文学作品和制度揭示了这些生活和思想。从教育的视角来看，一个并不拥有这些知识的人是狭隘的。我很乐意将此视为一场教育政策实验。无论如何，相比我们现在所持有的数据，一段为期5年的实验有可能可以更好地帮我们获得更明智的结论。但保守派会说：这只是在走下坡路，将走向道德败坏。对语言学习不感兴趣的学生往往对文学也不会有兴趣。无论是历史还是文学的教学都将更有难度，也都无法保证对学生产生心智形塑作用。在采取每一步行动之时，即使是朝着进步的方向，也总有人大声疾呼有危险。语言和文学是两种完全不同的科目。学生在学习法语和德语的过程中将会获得长期的心智形塑。不少学生没能养成文学方面的兴趣，因为他们将文学与语言混杂在一起了。在任何情况下，如果学院课程没有提供资源来鼓励学生去阅读，那么学院就没有做好基础性的工作。文学的学习就是培养阅读兴趣。现代学院工作中的最大毛病就是忽视对学生文学阅读兴趣的培养，而这项工作是所有事务中最伟大的事情，是学院的根基。如果我们更加重视历史和文学的学习，那么就会发展出更好的教学方法，也能获得更优秀的学生。从心智形塑的角度来看，我们优秀的老师们进行的历史和文学教学已经产生的结果也是令人极为满意的。

毫无疑问，反对派将针对这项提议提出下列反对意见：(1) 毕竟，学生并未获得准许去修读他所喜爱的科学课程；(2) 在培育观察力和进行科学训练的最重要年龄，学生被剥夺了进行这种训练的特权；(3) 学生已经完成的科学学习和他以后想要全身心投入的学习之间，被割裂开来。

但是，仔细审视这些反对意见就会发现，它们即使能影响现状，也只是轻微的。在学习的特定阶段，学习那些不喜欢的科目和喜欢的科目是同样重要的。学习那些并不完全令人愉悦的科目也能对学生进行心智形塑。学生只有在不同的科目上付出相当的努力，才会知道哪门科目或哪些科目是自己喜欢并擅长的，才能知道哪门科目或哪些科目是自己反感且不擅长的。这并不是说，在学习的任何阶段，他都不能专门学习科学。但如果要求学生从较早的阶段就开始将全部的时间只用来学习科学，最终将对学生产生有害的影响，也会对科学事业有害。并且，要求只学科学，就无法得到那些对人文学科发展感兴趣的人的支持。

我不期待所有站在反对阵营中的人都赞成这里提出的建议。但是，我仍要表达这一意见——公正地思考这项提议将会发现，它能帮助解决我们当前所遇到的许多困难，允许进行教育政策实验本身就是对这项提议的支持。

十八

男女合校教育

在近四五十年内，进步不只发生在科学领域，也不仅发生在工业领域，与电力和交通相关的领域也都取得了很大的进步。仔细调查还会发现，在智力相关的许多行业里同样有着精彩纷呈的进步。其中，教育领域在近十年内的进步就是十分显著的。

近些年，教育领域中的众多难题变得越来越突出了，其中一些难题已经开始得到解决。在这些难题中，有一个值得我们关注，人们在解决这个问题上取得了重大进展，但仍存在较大的分歧。这就是男女合校的问题。

人们对于男女合校的问题有着非同寻常的兴趣。是否男女合校几乎成为了区分进步还是保守的关键问题。那些接纳了合校理论的人打心眼里相信它；那些反对它的人则拿起所有的武器来反对它。有人认为，一方面，当前全国出现了一股反对男女合校的浪潮，但同时，人们对那些认同合校人士的态度也在发生显著的变化。另一方面，在教育史上，从未有过比这一问题更能引发共鸣的议题了。我们知道，今天让这些具有启蒙思想的女性放弃她们经过艰难斗争获得的权利，是难以想象的。

我们必须承认，在近两三年内，这个问题所激起的旋涡比过去的任何时候都更为显著，波及范围更加广泛。这个旋涡说不定什么时候就转移到某个未知的领域去了。在某些学习机构中，人们对这一问题进行了严肃认真的探讨。在许多教育大会上，人们对其给予了极大的关注，这就使其成为了一个值得所有关注通识教育问题的人士去思考的问题。

我想简短地提出两项提议。首先，我想指出的是，男女合校教育是教育方法逐步发展的最新成果，它意味着教育方法发展的成功。其次，我必须指出，男女合校还必须要经过调整和修改，以满足种种具体情况的要求。

只需粗浅的观察就能发现男女合校问题中的地域特征。我们可以发现，新英格兰和纽约的那些男子学院和女子学院是相互隔绝的。哈佛大学的拉德克利女子学院和哥伦比亚大学的巴纳德女子学院几乎总是独立于哈佛大学与哥伦比亚大学之外，就好像它们是独立的女子学院一样。虽然，在这片土地上，那种既招收男孩也招收女孩的现代高中已经发展得很成熟了，但我们还是能发现这里有比这个国家其他地方更多的男女隔离学校。在美国中部与西部，人们对于只招收男子或女子的学院闻所未闻，那里基本贯彻了男女合校。这里并未将某些“完善”的女子学校——所谓的神学院包括在内。

在南方，虽然人们在很大程度上接纳并实施了男女合校的政策，但是，绝不如西部那么统一。在富足的东部和感性的南方土地上，父母们一直不放心让自己的女儿处在这种开放的环境之中。美国西部一直是不一样的，在这里，女孩在很大程度上是被放在和男孩相同的位置上的。

这种地理上的分布仅仅是补充说明了男女合校历史发展的线索。再次强调，我陈述的是最一般的情况。至少，我们可以在这种发展历程中观察到三个阶段。第一个阶段是以前只有男子可以进入学院接受教育的时期，这个时期持续了很久。在这个时期，女子可以在所谓的神学院学习音乐、历史、法语和英语文学，但实际上，无论是从课程、捐赠或是教学的角度来看，都不存在向女子开放的高等教育资源。第二个阶段可以追溯至1861年瓦萨学院建立之时，在这个国家——一个已经创设了男子教育资源的地方，创建起了让女性享有高等教育权利的男女隔离学院。可以非常肯定的是，即使在今天，无论是从经济还是从社会的视角来看，都不可能想出任何其他的方法来解决那时候的女子高等教育的问题。唯一明智的，实际上也是唯一可能的方法，就是为女子提供一种有相似特征的院校。

但是同时，西部各州的人们发现自己不得不既为男士又为女士提供高等教育资源。的确，人们根据新英格兰的男女隔离教育政策，创建了相当数量的男子学院。但是，在大多数情况下，这些学院都没有充足的设施，此外，它们的数目也不足以满足庞大的教育需求。在由密歇根大学引领的州立大学的强势发展之下，隔离教育的观念仅仅盛行了很短的一段时间就不流行了。西部教育的特征是灵活性相当大，并且极易适应大众情绪的需求，以致在短时间内密歇根州就采取了男女合校的教育政策。并且，在后来建立的大学之中，并没有人质疑这个问题。那些最初为男子设立的学院后来也开始向女性开放了。俄亥俄州的奥柏林学院就率先这样做了。

那么，大致来看，我们可以发现有三种政策正在实施。第一种政策谓之旧，第二种和第三种谓之新——后两种政策发源于那种相信女子应该享有接受高等教育的权利的信念。在男子教育资源已经相当充足的地方，为女子提供隔离学院教育资源的第二种政策获得了很充分的发展。西部开始出现另一种政策，即男女合校政策。在西部，高等教育的机会相对较少，但让女性获得教育的权利已经得到了认可。

在研究这个问题时，通过反作用力的方式观察其影响力是很重要的。西部男女合校政策的发展已经影响了教育政策。我们可以在所谓的并附机构中观察到这一点。一些最大型的大学，如哈佛大学和哥伦比亚大学，已经建立了这种并附机构。这些并附机构有这样的安排：在研究生班和一些高等本科生班中，允许男子和女子处于同一间吟诵室接受教育。看起来，哥伦比亚大学比哈佛大学的发展更为先进一些。耶鲁大学则更加先进，将全部的研究生课程向女性开放。只要研究生课业和本科生课业之间的界线不是那么清晰，那么就意味着在未来耶鲁大学的男生和女生将有更多的机会坐在一起上课。

再看看男女合校学院的数量。罗切斯特学院（Rochester College）和贝洛伊特学院（Beloit College）在近10年内首次向女性敞开了教育的大门。西部的一些神学院、法学院和医学专业学校已经准许女性接受教育。某些德国大学已经开始招收女性，在多数情况下还会给女子颁发学位。德国在男女合校方面的研究也已经呈现出一定的规模，德国的大多数现代教育哲学家都将男女合校作为其基本原则。但近年来女子学院的数目并没有显著的增长也是事实。

依据上述情况完全可以得出一些不完美的初步结论。如我们今天所见，在过去的50年内所出现的发展，由于在较大程度上受到地理和历史状况的限制，其结果远远未达到理想状态。如果男女合校的原则是正确的，那么，东部至少要比西部落后50年之久。但如果男女合校的原则是错误的，那么西部至少要花一个世纪才能回到正确的位置上来。南部则处在一个无论向哪边发展都不太困难的处境。

如果仔细观察这些事实就会发现，意见越来越难以达成一致。虽然乍一看，西部似乎已经基于纯粹的教育学基础选择了男女合校，但是，如果仔细审视一番就会发现，就像西部实行男女合校是极为必要的一样，东部的男女合校也是极难实现的。在学院本就如此稀少的西部各州，哪有资源来开设女子学院？西部实行男女合校其实是一种经济学上的必然。既然现在学生的数目是如此之多，各州的资源又如此迅速地增长，那么，这在未来还会是一种经济学上的必然吗？并且，如果经济学上的必要性消失了，那么男女合校的政策还会继续下去吗？

尽管如此，必须要说，男女合校这项政策显然是一项更为现代的政策，西部在这项政策上取得了比东部更大的成就。东西部发展不均，不仅仅是因为地理状况不同，也是因为历史环境不同。相比于东部所处的以男子和女子隔离学院为代表的阶段，西部已经达到了更高级且更先进的发展阶段。可以放心大胆地说，这种让全部教育机构既向男子开放也向女子敞开大门的精神，是一种比旧式的僧侣修道院和女修道院精神更为现代、高级的精神，也是更美国的精神。但是，如果我们认为进化论原则在教育领域仍然有效，那么我们必然会得出这样的结论——在男女合校问题上，存在某种比当前的教育政策更高级的政策。可以肯定的是，更高水平的政策将体现男子和女子之间更为紧密的关系，还将通过同类机构皆向男女开放的方式来彰显男女同等的权利。

通常，一项变革最好的朋友同时也是它最坏的敌人。的确如此，那些拥护男女合校政策的人维护男女合校的理由有的是“就好比几何图形的形式一样，昨天、今天，到永远都是同样的”，还有的是“男女合校的永久性取决于人们接纳一种定义——将男女合校视为一同受教育的同义词，因此，应该在同一个教室对男性和女性进行教学”。那些人感觉到，任何其他的定义都将牺牲女性在上个世纪的斗争之中所获得的一切。这些人可能是男女合校政策的强大的朋友，但是，从历史和现状来看，他们可能不是明智的朋友。一项关于这项政策的系统研究说明，对一个系统之中的基本要素和可能是基本也可能不是基本的要素进行区分，是极为必要的。声称一同受教育是男女合校的基本因素只不过是去鼓吹一种迷信，同时也将整个主题贬至一种形式上的机械主义。

所有人都会同意的是，男女合校涉及男学生和女学生之间的关系，问题是：我们是否要用数学公式计算这种联结的数量？我们是否要用几何图形来描述它应有的确切形式？在我看来，这是真正需要探讨的问题。并且，就如斯莫尔（Albion W. Small）教授说过的，男女合校的观念和“婚姻是一位男士和一位女士之间的一种不变的且不可改变的联结形式”的观念是相同的。在一夫一妻制之下，我们对于婚姻中的联结特质存在一些疑问：离婚是由男人决定还是完全不应该存在离婚？是应该由妻子拥有自己的财产，还是让丈夫掌握财产？人们是应该视丈夫还是应该视妻子为领导者？这种联结是否应该是平等的？在一种对婚姻的普遍阐释之下，联邦各州的法律对婚姻关系的细节做出了种种不同的阐释。那么，考虑到法律还未进行规定，相关的风俗习惯也还未固定下来，一所赞同男女合校的院校又怎能武断地将这种男学生和女学生的联结关系限制到某一种关系的表达上？

学生们是否应该坐在同一间教室里面是一件按规矩安排的事情，也需要适应具体状况的需求。但是，如前面所给出的线索，这里面有一些基本原则，其中之一就是联结。持有男女合校信念的人可能会坚信这种理论，即不同性别之间的联结，而非隔离是预备教育期间的社会学上的常态。第二个原则是为女性提供与男性同等的教学学期。以上这两种原则都依赖于管理效率，我们应该用一个管理系统来管理男生和女生，这样就能够确保男生和女生在学期期间的课业是平等的。这就有了三个基本原则：联结、平等和相同的管理。

男女合校存在的同时，男生和女生之间却不存在任何一种关联，这显然是不可能的。如果为男生提供一种难度的课业，为女生提供另外一种难度的课业，或者赋予男生或女生一些特权，都是在极大地背离男女合校的观念。若让州去承担男性教育的费用，而让私人企业或教会去承担女性教育的费用，也是不现实的。因为这样一来，不仅无法确保男生女生之间的关联，也无法确保他们享有平等的学习时间。即使有了上述三个基本原则，还需要考虑某些院校现有的条件。

到目前为止，已被少数人注意到的一个重要条件就是城市选址的问题。以前，男女合校的教育实验基本是在小型城市或城镇上进行的，而现在，芝加哥大学已是处在一个拥有超过一百万人口的城市的男女合校高等教育机构。人们通常认为，一些大城市，如波士顿、纽约或芝加哥，如果能够与高等教育某些年级的教育关联起来，会为这种教育提供无与伦比的优势。但要知道，某些事物的优势，也会是其他事物的劣势的来源。在中心城市，分散注意力的事情太多，要确保专注显然更难。当学生正在学习如何保护自己的时候，应为学生，尤其是那些没有经验的学生，提供保护措施。处在一个大城市的男女合校教育机构的问题与处在小城市或城镇的教育机构所表现出来的问题，是完全不同的。

还须多说的一点事实是，处在城市中的院校中的关系依赖着社会公认的或城市生活公认的原则。这些原则与城镇或村庄生活的原则是完全不同的。比如一个人习惯了自己的邻居，就因为他住在隔壁，这多多少少就是一种关系。但是在城市生活之中，一个人没有义务去认识他的邻居或与邻居建立关系。

另一个有待我们去公正地考察的问题关乎学生群体的庞大数目。迄今为止，作为一种规则，男女合校一直是在较小的学生群体之中进行操作的。现在是时候基于更大的人数去施行男女合校以测试它的效果了。再次说明，没有人能否认，数目更庞大的学生存在许多的优势。另一方面，也没有人会否认，这些优势本身会成为干扰源和劣势。人们无须过多思考，就会承认，管理一个由2000名男性或2000名女性构成的团体时可以令劣势最小化且令优势最大化，但这与管理一个由4000名男性或由4000名女性构成的团体是完全不同的。

一个能满足一座拥有5万或10万人口的城市的需求的学校或图书馆，即使扩大了，也无法满足一座拥有一两百万人口的城市的需求。如实验所体现的，在有一两百万人口的城市中，必须改变整套管理制度。实际上，“改变”这个词语并没有描绘出事实。一套极为适合一座小城市的系统无法通过扩大自身来满足一座大城市的需求，必须引入一套全新的系统。庞大的人口数目会使得管理的方式发生重大的改变。必须从始至终根据不同的原则来进行组织。必须找到全新的调整方式，并且应该实施起来，以适应男女合校的状况，去满足庞大学生团体的需求。

还有学生年龄的问题。现在，无论是在城市还是在城镇，高中学生都住在家里，家庭生活和教会生活占主导地位，高中只负责课堂学习的时间——一天4或5个小时。而一进入学院，情况就不同了。刚进入学院的男孩和女孩只比高中时期要成熟一点点，没有了家庭的限制，也不再受家庭的影响，他们汇聚在了一起。他们从一个或更多的州进入了一个共同体，而他们每一个人只认识这个共同体中的几个成员。在大多数情况下，这是他们第一次体验脱离父母监管的自由。这就使情况极为微妙又复杂难解。当今的教育者迫切期望，男孩和女孩能够在他们迄今为止所习惯的入学年龄之前，就进入学院读书。来自城市的大一新生普遍比来自乡村的新生更为年幼。人们需要承认，西部院校所采取的男女合校方式本身完全是一种现代的革新，它代表了一种完美的理想，除此之外毫无进步可言；有了它，无须改良，也无须调试，就能适应已经改变了的状况。大家必须既诚恳又坦率地考虑我所提出的这些问题，并考虑该如何改善当前的男女合校计划。

对于一些院校来说，只会出现上述的一种情况；对于其他院校来说，可能会存在前面所说的两种情况。在我所在的这所院校之中，三种情况都出现了，也迫使我们去思考它们。如果现在考虑学生数目的问题，并采取计划将作为一个整体的学生共同体划分为小型的班集体，以使得每一个独特的班级都能受到监督和引导，以及相应风格的道德教育和自然教育，那么首先必须制定分隔依据。自然可以把学生分成年幼的和年长的。但是，这些分隔会不会不可避免地进一步拓展，并将男性和女性也分隔起来？假如，这种分隔受制于这项条件——男女机会平等，那么这种分隔不应该走到不必要的极端，分隔本身就是不自然的。

在即将结束这篇演讲之时，有必要再提一下与当前所讨论的内容多多少少密切相关的两三个方面的事情。许多拥护男女合校的人一直认为，应该尽可能地将男性和女性教育成相似的状态，现行的教育系统确实也在支撑这种想法。这是迄今为止所实施的这种教育系统的最大的问题。为何我们要尝试着将女性培养得像男性？或者让男性像女性？如果大学太过于重视男女共同拥有的东西，而不去重视这一事实——在许多方面，那些基本的共同利益可能最能推动男女之间的隔离的话，难道不会产生重大损失吗？所谓的同等教学只能是一些虚构的传奇。没有哪位教师曾以完全相同的方式上同一门课程。一位教师不可能给女子班讲授和男子班同样的课程内容。如果他是一位真正的教师，他会让自己去适应男性和女性的不同心智。他越是一名成功的教师，越能够在教学上做出种种变革。

我们必须考虑一种社会学的事实。16至20岁之间的女孩们在生理和心理上都比同龄男孩更加成熟，她们的社交兴趣比年龄相仿的男孩们更大。当安排这些男孩去陪伴女孩的时候，女孩会觉得自己屈尊降贵了，男孩则觉得难为情和尴尬。这为下面这种观点提供了依据，即在男孩发展的特定时期，他的同伴最好是比他更年幼的女孩而非同龄女孩。这个时期是非常短暂的，一般对应学院生活的前两年。在这个时期，许多男孩显然更愿意只和同性相伴。

总之，我可能会建议，太过于看重学院生活和家庭生活之间的类比是没必要的。许多家庭生活的观念与大学生活相关，但要记住的是，通常家庭是由一些不同年龄的人构成的，有年长的也有年幼的。而在大学里，年龄跨度相当有限。在一般情况下，大学中同学间年龄上的差异最多只有3至4年。如人们所说，还存在学生数目的问题。一个由一两千人组成的学院是无法与家庭进行类比的。

人们需要视男女合校为一项原则来接纳它，这是男生和女生在教育工作上的联结，他们需要绝对平等的学习时间，也需要被置于相同的管理之下。我相信我已经指出了，除了这些基本的原则，在关于这项政策进一步发展的事情上，为了行动以及思想上的自由，不仅要有广阔的空间，还要有严厉的要求。目前的问题已不再是男女该不该合校，而是应该去思考如何调整这些男女合校原则以适应具体的情况。

十九

学院学生中的奢侈之风[1]

① 世纪公司1901年出版。

“奢侈”是一个相对的、而非绝对的概念。一所院校的普通学生眼中的贫穷，可能对于另一所院校的普通学生来说就是奢侈。一个学生眼中的贫穷，可能对于同一所院校中的另一个学生就是奢侈。我认识一些大型院校的学生，在他们看来，一年如果花费300美元，就算是很奢侈的生活了。我还认识一些其他的学生，把每年花费1200美元认为是奢侈。对于一些人来说，住一个星期2美元的房间是奢侈的，而其他人住每年400美元的套间仍觉得狭窄。一个人会为得到一点小钱作恶，而另一个有着同样邪恶倾向的人却会觉得不值得。使用“奢侈”这个词时，我们必须考虑不同人的不同气质和不同环境的诱惑。

毫无疑问，现在学院学生的花费比40年前要多得多。的确，不仅仅因为，现在任何地方的学生的花费都多于过去的时代，还因为，如今来学院上学的人不像过去那样，主要由为成为牧师而上学的学生构成。现在，富裕和小康家庭的孩子更为普遍地能上大学，现在男孩去学院上学的比例是过去的5倍。

住在学院的富裕家庭的男孩一般没有他在家里住得那么奢侈。学校提供的伙食，虽是他在家里不愿意忍受的，他也欣然接受。因为他想和那些特定的人住在一起，而那些人是无法支付价格更高的伙食的。他在学院的房间不像他在家里的房间那样宽敞或装饰豪华。在学校，他过着在家里永远不会过的生活——大部分时候要更为节俭、更为独立、更为坚强。奢侈常常会产生柔弱，但在学院住的人很少受其影响。而另一方面，贫困家庭的男孩一般在学院过得比他在家里好得多。在学院中，学生很快会明白，财富多少不能决定他在学院共同体之中的相对地位。因为，学院是一个均衡差异的地方。它抬高深谷，也将高山变为丘陵。它将蜿蜒之路变成直道，也将崎岖之地变得平坦。在学院生活之中，有许多付出，也有许多回报——我说的并不只是金钱。这里有人与人之间的相处，也有群组与群组之间的斡旋，通常每个学生都能找到他的位置。一个人可以生活得很豪华，且不会变得柔弱或邪恶，这样的人必然拥有坚毅的品格，他的这种品格在学院生活中将变得更有力量。但是，与位于城市的学院相比，那些位于乡村的学院，无论学院规模大小，更容易滋生奢侈，并引向邪恶。学生在乡村里极少有机会合法地花很多钱，如果花费了一大笔钱，很可能是违法的，那么在道德上也将会是罪恶的。但在城市里，学生可以合法地花出大量的钱。一个人可能花1000美元而得到了真正的益处，而另一位有着完全不同习惯的男士，同样花费1000美元得到的也许是严重的损害——我的意思是他有可能会走向堕落。奢侈，这么看来，可能会滋生懦弱的品质并将人引上罪恶的道路，同样也可以意味着非常合理地满足自己较高的品位。

假如学生们因为在学院中过得过于奢侈而给自己造成了伤害，我们要把罪责全推在学院身上吗？实际上，学院可能完全无责。因为，并非学院，而是家长提供了金钱，没有金钱来源的话，奢侈也是不可能存在的。我知道某些家长，虽然我祈求他们为了学生，将每年的零花钱降低到600美元，但他们还是会继续提供每年1500或1800美元的零花钱。

学院生活如果变得越来越奢侈，是否存在过于奢侈的危险？如果我在心里只考虑那些富裕家庭的子女，那么我会回答，是的。因为，如果学院学生阶层只由这些学生构成，或者大部分都是这样的学生，那么，危险将会是巨大的。而且不可否认的是，这一阶层的学生数量正逐年递增。但是当我想到，涌入我们学院的大部分年轻男女中，更多的是仅仅依靠微薄薪资生活的男孩和女孩时（常常是依靠一位家长的全部薪酬），想到这些学生渴望通过提供不那么“体面”的服务去获得生活的基本必需品时，我就不再担心学院的平均生活水平会变得特别奢侈了。

在任何情况下，学院都是能够阻止过于奢侈的危险发生的。在我看来，学院的工作也使这种危险成为了一种空想。如今，学院工作与四分之一个世纪之前已经十分不同了。现在，大多数学院学生知道他们想要什么样的生活和工作，教育也将他们引向正确的方向。这确保他们有对工作的兴趣和热情，令他们更容易抵抗诱惑。他们看到了工作和生活之间的关系，这在一定程度上排除了过于奢侈的危险。

其实学院生活是很具有民主性的，这也是我们美国学院最宝贵的财富，应十分珍视。只要学院的这种民主性还继续存在，就不需要担忧奢侈的问题。在学院的实践工作之中，有许多关于经济学的教育。许多人学会了如何生活，学会了什么该做什么不该做，虽然不是人人都能及时运用这些课程，但几乎人人都会受到教育，也会受到其他同学坚毅、单纯和朴素等特质的影响。据我对世人的观察，我极少在那些学院出身的人中见到奢侈最恶劣的样貌，因为，接受过学院教育的人是无法容忍这种奢侈发生的。

二十

科学研究学生[1]

① 1899年10月17日，于尊敬的福恩斯（W. H. P. Faunce）就任布朗大学校长典礼上宣读。

一所高等教育机构发展的新阶段，与个体成长的新阶段有相似之处也有不同之处。相似之处在于，无论是机构还是个人，新阶段都意味着基于生活经验的成长，因此，如果没有非同寻常的影响，则会是向前进步的。这种进步作为经验的结果，意味着更深厚的宽容，作为时间流逝的结果，则意味着更强大的力量。也有可能有经验的积累，却没有相应的深度，有流逝的时间，而没有获得相应的力量。但是，只要没有经验和时间，就不可能变得宽容或拥有实力。人和院校的不同之处在于：当个人在逐渐老去，必然失去年少的特质，失去自我更新的可能性；而院校无论多么古老，都可能重新呈现出年轻的态势，古老又年轻的院校因此可能拥有全部力量和时代的经验，以及年轻的活力和新鲜度。

今天我们庆祝布朗大学发展到了一个新阶段。这场庆祝是有意义的，因为这所古老的院校的生命进入了新的阶段，它的历史是由许多充满成就的辉煌阶段标识而成的。人们会发现，在这样一个时代之中，其辉煌过去的全部浩瀚力量依旧存在，静待着被召唤。并且，这些力量及其共同影响力可能会与那些正在运转中的新力量结合起来发挥影响。源自过往的一份遗产，要么是一种伟大的福音，要么是一种诅咒。在此处，它是一种庇佑，它的伟大就是使得这所机构更有可能拥有繁荣的未来。

事实上，布朗大学代表着我们国家一直以来赞美的一种教育类型。对于我们许多人来说，这一场庆贺具有特殊的意义。对美国整个疆土发挥了巨大影响力的，除了教会，就是这所新英格兰学院了。实际上，布朗大学掌控着整片土地的更低级和更高级的教育。正是这所新英格兰学院给予了新英格兰地区各州生活和思想上的优越性。正是那些在这所学院受过训练的人建立了类似的学院，这些学院贯穿美国中部、西部和南部各州。这个国家在很大程度上欠缺这种类型院校提供的智力资源，而有了这种智力资源，我们的政府事务和私人业务才能获得如此高效的管理。并且正是因为这种类型的院校，教会才能够稳步向前发展，这种发展刻画了教会的历史。

今天，我们这些志同道合的人一起聚集在这所院校之中。这所院校已经度过了一段强大又有益于我们美国人民的生命旅程，因此，其生命中的任何意味着恢复力量或增进活力的事件，都值得被当作一件神圣的、高级别的事件来进行庆祝。

但是，对于我来说，存在另一个原因，使得此时此刻有着独一无二的意义。如今，这所院校处于新领导的带领之下，它所进入的时期在根本上等同于一个新世纪的开始。人们会觉得时代的每一个伟大的分节点的最初和最末的岁月都是充满意义的。这所大学的新式管理是随着20世纪的到来而展开的。在这半个世纪中，世界的进步已经显现出来了。说起进步的事例，我们习惯于引用交通和交流方法的改进。但大家都知道，学院的进步也同样巨大。在50年内，学院工作事务和方法上的转变和商业世界发生的任何转变一样显著。并且，商界和学院改变背后的原理大部分都是相同的。在19世纪的最后时刻，如果我们对商业领域中所发生的事情感到惊奇，我们同样会对教育领域发生的事情感到惊讶。并且，正是在这个节点上，这位新校长展开了他的工作。因此，他面对的，是认可已有的成果，并怀着开放的心态等候新世纪秘密的开启。

关于此点，请允许我细想一会，想想20世纪学院教育的诸多特征。

这些特征是个人主义学说应用下的若干产物之一。在教育中，个人主义与集体主义是有所区别的，个人主义是19世纪对学院教育事业的最大贡献。人们可以看到，个人主义已经引发了大量的改革，比如将选修系统引入课程教学之中，鼓励教职员进入专业的系，或者鼓励教职员在一个学术系内进一步细分。如今，摆在学生面前的，是丰富的课程选择和选择的自由。但是，为了使这种自由能免遭滥用，也为了让学生接受基本的协助以争取最大的成功，将会有进一步的改革。这一步改革将是开展对学生的科学的研究。现在，教授的精力实际上大部分都耗费在对课程的研究上了。在即将到来的时代，将由常规教师，或指定特定的教师做好必要的准备，去详细地研究那些即将接受教育的男士或女士。现在，就像在许多机构中一样，每一个学生在入学时都要接受一次详细的身体检查，以便发现可能存在的身体缺陷，也是为了提供特殊的修复练习。而且每个学生都要一次次地接受身体检查，并记录治疗的进展。因此，在将来，学院的一个常规功能就是给每一个学生制作一份评价手册。

评价手册将会：（1）特别关注学生的性格——去发现他是负责任的，还是粗心的、懒惰的，甚至是邪恶的。（2）特别关注学生的智力能力——去发现他是否有非同寻常的能力，是否活泼，或者温和，还是迟钝。（3）关注他的特殊智力品质——知晓他是独立自主的、有创见的人，还是大部分时候是循规蹈矩的人；是逻辑感较强的人，还是普通的人或迟钝的人；其思想是灵活的，还是多变的，或是僵化的；他是掌握自己心智的人，还是心智恍惚的人，并且去了解他在多大程度上能够克服困难。（4）涉及他的各种特殊能力和品位喜好——判断这些能力和喜好是均衡的，还是对某些特殊课程有显著偏好的，弄清楚他所偏好的课程是书本类型的，还是手工操作类型的，是建设性的还是实验性的；他的特殊天分，是一种审美的能力，还是一种文字读写的能力，是科学研究的能力，还是哲学思考的能力；他的特殊资质是属于文学领域的，还是批判领域的，是用于阐释学问，还是用于创造性的工作；他对于科学的偏好是观察还是做实验，抑或是研究普遍原理。(5) 关注学生的社会性——判断他是否喜欢伙伴关系。他在同伴之中是领袖还是跟随者；他是一个能处理许多事务的人，还是专门投身于自己的研究之中的人；他度过闲暇时间的方式；他是为了养活自己而工作，还是为了帮助他人而工作。

学院将会从不同的渠道获得这些信息和其他我没有提到的信息。这些信息部分来自预备教育教师；部分由父母提供；部分源自学生自身；还有部分则是来自对学生在学院早期生活和工作的细致观察。这不是一个容易的任务，但是，比起它的困难，它的重要性要大得多。

在完成这样一份评价之后，它将会成为学生选修课程的依据。因为可以肯定的是，当学生成长到一定的年龄的时候，如果其没有特别的品位或能力，就应该被要求去完成一些课业，因此，在这一年龄阶段过后，他应该被引导去拥有特定的品位或能力。在这份评价手册中的记录在帮助学生选择具备何种性格特质的学习导师时有着非凡的重要性，因为，显而易见的是，拥有不同性情和不同心智态度的学生，即使跟随了同一位导师，学习同一门科目，也不会获得同样的成功。有若干位教师的大型院校比小型院校更有优势，因为学生应该有机会选择教师，这和选择课程是同样重要的。一名学生在一位导师门下没能成功学好一门课程，却可能在另一位具有不同性情的导师门下在同样的课业上取得优异成绩。

所搜集的信息决定学生将获得的建议的类型和受到的惩罚的形式。建议和惩罚都必须适合每一名学生，没有任何两个学生适合同样的对待方式。

同样的，这份评价材料在很大程度上将决定这个学生的职业。学院生活最可悲的经历是，你发现一个人在学院课程结束之后，还和刚刚开始学院生活时一样，对未来的生活、工作充满了不确定感。导致这一事实的可能原因是，他还没有发现自己的能力和品位，他对自身的研究还未透彻到足以懂得自己，他的导师也没有理解他。在某种程度上，这就是学院和大学的区别。学院是学生去研究和测试自己的地方，这样他就可以懂得上帝创造他的目的是什么。学院是教师研究每一个学生的地方，教师可以指出学生的弱势和强项，并可以不断修正自己的教育方式，这样学生就可以获得更好的成长。大学是为那些已经开始了解自己的学生设立的，在这里，学生们已经知道他们能做什么，也知道自己不能做什么。他们来到大学，跟随自己的使命召唤去学习。因此，严格意义上说，只有当一个人选择了与自己将来的工作有关联的课程，大学生活才会启程。除非确定了自己将要从事的工作，否则没有任何人应该进入大学。为了达到这个目标，应该采取一些措施，来弥补我国几乎普遍存在的大学和学院功能混乱的状况。

20世纪学院教育的这一特征将会被视为是最重要的，而且，学院教育当前的缺陷十分严重，甚至还将持续50年之久。下一步就是改进个人主义原则，这将在一段时间内促使我们的教育工作变得更有秩序且更加系统，而如今，我们的教育工作则是一片混乱。希望布朗大学，在我们今天会面的人士的帮助下，能够把对学生的研究当作学院日常工作的一部分。

在这里，请让我转达芝加哥大学的问候，还有来自西部和西北的大学的祝贺。芝加哥是通往西部和西北的大门，那里有许多有远见的院校。许多芝加哥市民是布朗大学的校友。西部欣然承认欠东部一份恩情。东部的生活和思想移植到西部的新环境之中，加以调节之后，成为了现在我们所说的西部的生活和思想。西部人民也心怀感激地承认欠布朗大学一份特殊的恩情，因为布朗大学培育了许多拥有伟大品格和深厚影响力的人士来发展西部。

最后，让西部人和东部人共同祈祷，如今成为布朗大学校长的这位杰出人士能够长久地管理这所大学，使之欣欣向荣。

二十一

学院职员与大学生[①]

① 1900年10月11日，于拉什·里斯（Rush Rhees）教授就任罗切斯特大学（Rochester University）校长的典礼上宣读。

在过去的30年之中，人们对高等教育领域的兴趣持续增长，这和工业世界的发展一样显著。随之而来的是一系列变化。只有小心、一点一点地将当今的大学惯例和四分之一个世纪之前的惯例进行仔细对照，才会发现这些变化有多么巨大。很多机构都认为自己与民主思想存在关联，将全部的精力投入了民主精神之中，并且在高等教育生活的细节之中发挥了自己的影响力。因此，教育领域内的变化也源自同样的原因，教育领域的变化和我们生活之中发生的其他变化是一致的。

30年前，美国还没有大学或者大型院校。哈佛大学那时候有655名学生，耶鲁大学有664名学生，密歇根大学有432名学生。如今，美国的大学有了全新的面貌，并且学院的工作方法和目标也进行了重要的改革。无论何时，都不会有人质疑这一事实，即这些改变总的来说都是为了教育事业的进步。然而，人们却难以做出明确的判断，即学院的每处改变都已经证明是成功了的。我今天想谈的是，在学院中，学生和教授之间应该有什么样的关系。注意，我使用的词是“学院”，而非“大学”。大学师生关系的问题还从未被考虑过。我相信，在大学和学院之中，除了与讲课直接相关的责任之外，教职工还有大量确切的职责，今天下午，我有机会尽自己最大的努力说说自己的观点，我将着重讲述学院生活和大学生活的区别。

如今，学院的教授并不是这个州的官员。高等院校不像以前那样是一个被授权审判学生是否犯下民事或刑事罪的机构，学院法庭是中世纪的事了。现今的学院教授既不是法官，也不是陪审团成员。当学生的行为违背州法律时教授不会被请来审判学生的行为。学院共同体是由年长和年幼的学生共同构成的。学生们加入这个共同体是为了在学业上获得成长。共同体中较为年长的成员，决定了共同体的精神品格。在激励——由那些在同类学业中更优秀的学生给予那些落后的学生的激励之中，在同理心——将那些有共同兴趣的人联结起来的同理心之中，在抱负——驱使着一名学生去效仿和超越同窗的抱负之中，在所有的这些和其他的精神品格影响下，教授会让自己表现得和学院学生一样，和共同体的任何成员一样，是一个辛勤的工作者，是一个有同理心的倾听者，是一个谦虚的学习者。教授和学生之间的唯一区别就是，前者更为成熟，更富有经验。他会无私地向他的同窗——学生分享他的优势。学生正开始沿着这些高级知识的脉络进行学习，而教授已经学习了很长时间。学院教授若无这种精神品格，则不应该继续他的学院工作；如果他具有这种精神品格，那么，他就是那些同样拥有这种精神的学生的同窗。以官员的身份进行专制的管理时所具有的精神品格与这种同窗的精神品格是全然相反的，是一种与学生精神完全矛盾的心智态度。且如今，真正的、能干的学院教师仅仅是由具备资格的成员所组成的共同体中的一位年长的同窗。如果他的身份不限于此，那么，他就不是一位同窗，如果他还未达到同窗的水平，那么，他就什么也不是。

如今，学院的教授不再是替代父母的人。与之相反，有一种古老而风行的看法，将学院教师塑造成学生的家长。父母占据了学生们前16到18年的生活。父母给予孩子的教育有些是可怕的，也有些是有害的。父母非常高兴能够把其子女送到学院里面去，并认为学院会继续履行父母的权威。这样的父母，在转移这份珍贵且涉及面广泛的权力之时，实际上转移的是一些长期以来被掏空尊严和价值的东西。如果父母的权威已经被正确地履行，年轻的男士或女士在18岁的年纪，就应该能自由地去做一些看起来适宜的事情，只要这些事情与他们如今所在特定共同体的一般信条没有冲突。如果在过去的18年之中，父母的权威没有被正确地履行，人们会发现，这些年轻的男士或女士并不能做好准备去服从于一所院校的人为的权威，哪怕只有一小会儿。

学院的教师并不是父母，也没有父母的权威。现如今，多数父母都是明智的，他们都知道，达到接受学院教育的年龄就意味着年轻人不再忍受客观的或公共机构的权威的时候到来了。父母的影响力是有情感上的基础的，而教授如果要发挥强烈的影响力，就必须要让学生相信，他正在为学生的兴趣服务。教师就像是学生家庭之中的一位兄长，他的优势仅仅来自年龄和经验。像在任何特定的家庭中一样，总有一些人之间保持着更为紧密的关系——例如，兄弟们在某些情况下保持更亲密的关系，在其他情况下则没那么亲密。因此，理想的共同体是一个兄弟会，其中，长幼们聚在一起，在不同程度上相互影响着对方。

对我而言，我可以想象，在这个共同体之中，在许多情况下，年幼的成员对年长的成员的影响力和年长的成员对年幼的成员的影响力是一样的。这种影响力是十分强大的，与任何专制权威的运作完全不同。因为，学院共同体是真正民主的。即使在一个民主共同体之中，尽管所有人都值得拥有平等的权利，但并不是全部的人都是平等的。在学院共同体之中，那些拥有更强大影响力的人，有更多的机会去教导那些还未达到同样高水平的人。

如果上述所提到的构想是正确的，那么，我所说的这种关系的紧密度将有赖于师生之间拥有的共同爱好。并且，那些拥有共同爱好的人，无论爱好具有主观的还是客观的特质，将从这种关系之中获得强大的优势。在这里，选择原则发挥了作用，选择特定的学习科目会使学生能够与一位教师之间产生同伴关系，教师怀着最大的兴趣用学科将师生联结起来。如果学生和教授面对所学科目的时候，没有同伴的感觉，那么，学生不可能成为教授的同窗。反之，如果师生的心被同样的兴趣点所吸引，他们会一直被吸引着去解决同样的问题，他们也会因此相互靠近，并产生同窗之谊。因此，师生之间的同窗之谊有赖于对特定学习对象的选择。如果在更早的、没有选择机会的时代，有这种感情存在，在大多数情况下，都是一种偶然。

选择原则使得教师和学生之间产生同窗之谊成为可能。甚至，它使得其他类型的关系不可能发生。有人会说，选择原则并不适用于一年级共同修读的课程，例如拉丁文、英文和数学。在这一点上，规模大一些的学院和小型学院之间存在着巨大的区别。小型学院仍实施旧的管理制度。大一新生和大二学生从不考虑和教师形成同窗关系。只有当学生进入大三或大四时，他才会被要求与教师形成某种类似的关系，因为在大多数情况下，在小型院校里，所有的学生必须去一位教师那儿学习拉丁文，去另一位教师那儿学习英文，再去另一位教师那儿学习数学。因为，在每一个特定的学业阶段只有一个班级，某一位教师负责较为优异的学生，另一位教师则负责没那么优秀的学生，这种安排使得学生没有选择的余地。在大型院校之中，选择原则应用的有可能是教师，而非教育主题——虽然，人们必须要承认，这种选择常常没有实现。这种院校之中还运行着一种新的原则，即学生可以从在同一时间教同一门课的2到3名或多名教师中选择一位教师。

实际上，有许多理由来支持将智力水平相等的学生分配到各自的团队中去的做法，一队由分数最高的学生组成，其他的团队也都根据学生的学业基础进行组织，这种系统存在优势。但是，这种系统——允许学生从在同一时间教同一门课的两三位或多位教师中选择一位教师也有优点，它使得教师和学生之间可能存在一种更亲密的人际关系。对于具有某种气质和心智的学生来说，某教师可能显然是具有同理心的、有益的。但对于另一组同样优秀的学生来说，这位教师可能是失败的，发挥不了什么帮助作用的。同时，另一位教师可能能成功地带领好第二组学生，却无法带领好第一组学生。我们学院有几位具备专业教席资历的人，能够和班级大多数的学生走得很近。他们具有人们所说的那种天生的气质。神经质的且具有活力的教师会帮助具有某种气质的学生实现目标，而具有另一种气质的学生则可能在他的教学之中受到伤害。具有冷静的、安静的且不唐突的性格的另一位教师，会得到第一位教师无法触动到的学生的思想心灵的回应。

从这个观点来看，应该注意的是，在既定的院系之中，应该有完全不同类型的男、女教师，这样一来，教师类型的差异就能使他们与不同类型的学生建立联系。学生有选择所要就读的院系的自由，也有在同一时间教授同一门课程的不同教师之中做出选择的自由。这一自由的基础，也是唯一的基础，就是同窗情谊，兄弟般的情谊。这些共同构成了教师和学生之间的理想关系。

我很遗憾的是，时间不允许我进一步展开叙述我心中所想的内容。面对各位为这所大学送来的祝贺，我很荣幸代表这位承担学院校长这一尊贵职位的同僚，向这一职位简要地提出这些使命。

在学院之中，教师应该是一名学生，也是学生的同窗，是共同体之中的成员之一，学院的校长必然在特定意义上也是这样一名学生。在学院共同体之中，无论是学生、教师还是校长，如果他不是一名学生，不是致力于追求真理，或者不是投身于寻找推广已知真理的最佳方法的人，那么他将是没有立足之地的。对于那些不把学生生涯作为人生重要组成部分的人，那些没有学生心智的人，没有学生态度的人，没有学生同理心的人，或者没有学生的雄心壮志的人，学院共同体不可能将之视为最受尊敬的成员。

如果说学院共同体是一个由兄弟组成的家庭，其中的教师就是年长的成员，他们应竭尽所能引导那些新成员，显然校长是更年长的成员，是家庭中的最年长者，承担着特别责任，只有当他维护了家庭的利益，包括关注家庭里最年幼成员的成长和课业，校长的职责才算履行完毕。校长和教师之间的关系是年龄相近的兄弟之间的关系。校长之于学生，则像有点疏离的兄长，在年龄方面是疏离的，但是，也因为年长，校长的心中充满了对家庭新成员的关心。校长应是学院共同体之中最受尊敬的学生。

校长是家庭中最年长的兄长，并且他的兴趣比其他学生都更为广泛。就个人而言，他可能已经选择了某些特定的主题科目，但他仍对每一个学术部门都怀有同等的兴趣，他也会与那些代表各个学术部门的同窗一起工作，为让他们取得建树而努力。兴趣广泛就是他最好的品质。作为家庭的一名成员和一位兄长，他将用最深切的同理心来对待家庭中的其他兄弟，无论长幼。他与他人的关系将是亲密的，家庭中的一位兄弟因某事感到愉悦，他也会感到愉悦；家庭中的一位成员如果在某个场合哭泣了，他也会因此难过。作为一位真正的兄长，他会指出家庭中每一位成员观念中的错误之处，并且尽力指导如何才能获得进步。如果有需要，他会对其他兄弟表现出一个兄弟应有的坦诚和直率。他的态度，将不是一个具有特殊权力的优越之人的态度。真正的学院校长并不是一个老板，而是一名同窗，也是一位兄长。

二十二

学院课程的学制[1]

① 1903年7月7日，宣读于波士顿的全国教育协会（高等教育部）。

考虑到分配给我的演讲时间，我将只陈述自己的想法——我反对将学院课程的常规4年时长改为3年这一提议。

毫无疑问，有些学生能够在3年之内完成课程，但也有同样数量的学生可能要花费5年才能将课业完成。我们要面对的问题，不是只与学生中的一小部分人——那些十分聪明的学生或者十分愚钝的学生相关。它是一个与常规学院课程，即平均程度的学生的课程规划相关的问题。

旧的方式是，让学院课程变得普遍适用，而不是符合每名学生的个体需求。新的方式是重新审视选修课程政策，将之区别于固定课程政策。选修课并不是根据每个人的需求调整课程，而是以使课程充满灵活性和适应性为目的。调整的结果不应当是去适应只需要3年时长的人，而应该是让需要4年的学生有4年时长，让需要5年的学生有5年时长，让能在3年内完成学业的学生有3年时长。

3年学制的提议是基于这样一个假设提出的，即学院课程的整体工作等同于真正的大学的工作，这是一个错误的假设。大一新生和大二学生的课业与学院或高中前些年的课程规模和性质是一样的。砍掉一整年意味着，要么会挤压高等预备教育或学院教育大一和大二年级的课业，要么会缩减学院大三和大四年级的真正的大学课业，无论哪种选择都会让学生蒙受严重的损失。一般的学生如果没有读到大二年级结束，是无法做好承担大学课业的准备的。在高等教育领域，本就没有比混淆学院和大学课业的错误更严重的了，学院采取3年学制只会使已经存在的混淆更为严重。

3年制的提议还建立在一个有关学生入学年龄的错误观念上。如今，学生进入学院读书的平均年龄还和20到50年前一样；学生离开学院的平均年龄也和20到50年前一样。但现在的专业教育入学要求比20到50年前提高了，以至于现在的专业学习课程延长了3～4年之多。然而，有趣的是，虽然入学要求比过去要高了许多，但学生却能达到要求，在与以前相同的年龄入学。换句话说，是更好的教育条件让学生能够在和以前相同的年龄毕业，并拥有将近2年的额外知识储备。虽然如此，但是很显然，对于任何处于这种情况的学生来说，这都是时间上的巨大浪费，如果能在教育早期阶段有更好的课程安排，则可以多出来1～2年的时间。高中在多样化和高效化方面，语法学校在教学改善方面，都有许多值得改进的地方。合理的假定是，只要考虑学院的入学要求，就触及了一种实践上的限制。在当前入学限制的基础上，期待在下一个10年内，一个学生能早1～2年达到现在的学院入学要求是合理的。这可以抵消上述涉及的专业学校要求增加的时间。因此，只是为了延长专业课程的时长而缩短学院课程的时长，是没必要的。

3年制的提议还基于另一个关于高中的错误观念。高中不再是进入学院的预备学校。在最完善的高中里，学生至少要学习50年前的学院教育中一半的基础知识。高中提供了学院课程的早期部分。无论是课程方法还是内容，高中的学业与大一和大二年级是分不开的。实际上，许多高中都在努力将大一和大二年级的课程囊括进来。并且，众所周知，50年前的高中就囊括了整个学院课程，除了那时候还未知的现在新增的科学科目。高中的发展对于我们现在面对的问题而言是具有启发意义的。对现代高中加以准确理解后就会发现它的发展变化与3年学制这项提议是完全矛盾的。

对3年学制政策的另一项反对意见是，若采取3年制，立即会导致大型学院一年级入学要求的提升。大一年级的入学要求是如何提升的，可以从霍普金斯大学的学院历史发现。3年制中的第一年的入学要求实际上已经包括了大一年级的课业。在这样的情况下，高中将会趋向于扩大其课业范围，而且这种趋势显然会受到鼓励。人们会将其视为对学院课程的补充，而非额外的入学要求。我们目前面临的问题是，一再地提高学院的入学要求，会导致真正的学院课业还未开始，学生就已经获得了非常完善的学院课程知识了。这其实是不对的，应该被更正过来。而更正的关键就在于要从提升学院入学要求转向降低入学要求。反之，如果采取3年学制，这一问题将愈发突显。

再者，3年制政策的提议基于一个假设，即修满课业所需的时间是必须限定的。基于所有学院的学生，无论具备何种程度的学识，都必须修满4年的课程的传统，3年制提议将继续规定全部学生拥有相同的学习年限，即3年。只要在学院里待了4年，不管你怎么利用这4年，都能证明接受了学院教育，没有什么比这对学院的发展会产生更坏的影响了。值得商榷的是，限定本科生的课程时间是否有必要？这种对时限的偏爱是3年制提议的根本基础，而它作为旧阶级制度的一种延续，早已在大型学院中消亡，甚至在小型学院中也日渐颓废。

反对3年制提议的另一个理由是它对小型学院会产生有害的影响。美国学院是美国精神的体现，它的存在不应该遭遇威胁。也许大型学院即使采取3年制也不会受到什么损伤，但对于小型学院来说，损伤是必然的。本来好的小型学院将变得衰落，采取3年制政策的学院将仅比高中的教学程度高一丁点。当人们发现，小型学院所提供的课程只是高中所学课程的重复时，学生读完高中以后便会直接进入大学——这种趋势应尽快加以制止。有些小型学院将会迅速把它们的学期缩减为3年，即使它们的课程容量远远低于更大型院校。换句话说，3年制提议最终将意味着高等教育领域整体要求的降低。

进入学院的学生刚刚十六七岁，低于4年的学院生涯对他们来说太短。然而，3年制政策将迫使每一个学生将课程限定为3年。这是一个严重的问题。在目前的状况下，学生可以根据条件修读1年、2年、3年或4年。而在3年制规定下，只要涉及学院课程，他就只能修读3年。在过去的10年之中，采取4年学制的学院入学率急剧增加，为什么我们要刻意提出将学院学制缩减为3年？当然，未来我们还是需要和过去一样有完整的预备教育。对于那些愿意且有能力学习4年学院教育的学生来说，缩短他们的时间是没必要的也是不合理的。也许，应该在更早的教育阶段缩减学习时间，而在预备教育阶段，考虑到许多科目都是有益的，我们还是应该尽可能地保证学习的时长。

进一步说，3年制政策的提议忽略了第1年专业课科目的文化价值。但对年轻人来说，没有什么是比第1年的法律和医学课程，或者神学和教育课程更有价值的了。在这些课程之中，教师将带领学生接触有生活气息的问题。在大多数情况下，专业学校与学院的教育方法存在区别这一事实，是一种独特的优势，绝不会是一种伤害。因为它是对浅涉文艺的趋势的纠正，并且被学院高年级的更宽松的教育方法所鼓励。如果说，在过去四分之一个世纪的教育探讨之中，有任何一个问题被解决了，那就是不再区分这类科目或那类科目，这个团体或那个团体。在学院最后1年的课程之中给予机会去选择这种特质的科目，并不会破坏学院课程的完整性。但是，我们必须承认，对于大型院校所采取的这种政策，小型院校实施起来是有难度的。不过，这种困难并非不可逾越，我已经提出了好几种解决困难的方式。

前面已经提到3年制的提议使得学院几乎完全附庸于专业学校之下，这很大程度上是因为专业学校的需求正逐步增加，以至于有必要去缩短学院的课程。这种状况看起来与只有少数学生真正想就读专业学校的事实是矛盾的。为何那些心中并不真正想读专业学校的人想要缩短学院的学制？或许答案是那些进入了商业活动领域的学生需要节省时间，以便能早些开始他的工作。也许人们会说，这并不足以支持3年制的提议。并且，1年的学院课程相当于专业学校的第1年课程，从这一方面来说，在任何情况下，人们并不会将1年的商业工作等同于1年的学院课程。因此，让学院课程政策去适应少数计划进入专业学校的人的需求，就如同让一所高中的整体政策去适应少数升入学院的学生的需求，都是不妥当的做法。

还有最后一点要强烈反对3年制的提议的原因是其与当今的教育趋势是相反的。当今教育的趋势有如下几个方面：（1）扩张高中的规模，并额外增加1至2年的课业；（2）提升一般的小型学院职工的水平以及课程的水平；（3）避免学生浪费其学习生涯的早期时光；（4）显著地区分学院和大学的教育方法。3年制提议所代表的观点与上述趋势都是相悖的。

在我们大多数人看来，芝加哥大学在近十年中实施的计划在很大程度上满足了之前发言者提出的需求。芝加哥大学的计划提供了一种4年制课程和一种2年制课程。具有优异能力的学生能够在3年内完成课业，那些希望延长学业至5年的学生也能够达成心愿。它适应了不同层次人的不同需求。完成2年制课程之后，学生将获得一份证书，被授予“专科”学位。此证书将作为对那些一直在成绩排名中名列前茅学生的一种认可。

学校已经根据经验制订了这份计划的细节。为学生提供2年制的课程，满足了许多无法长期住校的学生的需求，也满足了许多不需要修读更久课业的学生的需求。提供常规4年制的课程，则满足了平均水平的学生的需求。该计划并不会暗示，花费4年住校读书的学生是相对愚蠢的，或是他们浪费了1年的时间。

可见，从10年或更久的经验来看，芝加哥大学的这项计划至少为当下所讨论的许多问题提供了解决方案。

二十三

小型学院的发展状况[1]

① 1900年7月10日，于南卡罗来纳州查尔斯顿召开的全国教育协会年会上发表的演讲。

在我看来，在本世纪接下来的二十五年，亟须解决两个重要的教育问题：其一，存在于受教育程度较低地区的农村学校的问题；其二，存在于高等教育领域的小型学院的问题。

第二个问题是我们在此讨论的主题，它是严肃而复杂的。说它严肃，是因为它在物质和精神上的巨大利益都岌岌可危；说它复杂，是因为它涉及特权和权利的特殊问题。研究这一问题是十分困难的，因为收集的数据尚不完整，也未经列表整理；还因为其覆盖的土地是如此广阔，又分散于各个不同的地区。

请原谅我将要提到自己的个人经验。我的学生生涯是分段的。我的本科课程在一所小型学院中完成，研究生课程则在一所大型学院或者说大学里完成。我的教师生涯几乎是平均分配的：有十二年在所谓的“小型”院校中度过，有十三年在所谓的“大型”院校中度过。因此，我在谈论这个主题时，没有那种因缺乏上述任何一类院校的经验而产生的偏见。

我们应考虑的是——

（一）哪些因素能够保护小型学院的生存和发展。

（二）哪些因素会阻碍这种发展。

（三）期待小型学院做出哪些变革。

（一）

首先，让我们注意下面这种盛行的观念：就教育产出的优势而言，小型院校具备某种超过大型院校的特定优势。无论是否如此，人们都坚定地相信这一观念，以至于它成了支持小型学院的强大力量。我们不能说，如果该观念是错的，它的错误之处就会马上显现出来。因为要衡量这个如此复杂问题的方方面面，需要考虑的地方是非常多的，而对于每一种情况的评析又是完全不同的。谁又能武断地说，这个学生去大型学院而非小型学院更好，或者去小型学院而非大型学院更好呢?

人们认为，小型学院的学生具有一种优势，那就是能够与教师进行更紧密的交往。比起那些与教师没有什么交往或者交往较少的学生，与教师相熟的学生更有可能获得令人满意的成绩。这当然是真的，但是必须注意两件事情。第一，在大型学院，学生与他的教师几乎没有什么交往，这是事实吗？一项历时多年的对该问题的调查令我相信，大型院校的学生不仅与许多教师有联系，而且也能保持像在小型学院中那样的最紧密的师生关系。第二，这仅仅是一个密切交往的问题，还是要接受一种触及灵魂深处的激励？我认识大型院校和小型学院的一些教师，我认为与他们密切交往只会使生活变得枯燥而乏味。公正地说，这些人数在小型学院中所占比例和在大型学院中是相同的。

人们还认为，尤其在早年的学院生活中，小型学院的学生有一种巨大的优势，因为在大多数情况下，学生将得到具备一定资历的教授指导其课业，而在大型院校中，学生所面对的只是年轻的助教或讲师。但是，人们也应该记住，同样是这些助教和讲师，如果身处小型学院，他们可能会享受教授待遇。我记得在一所大学里，每一位被聘为副教授、讲师或助教的人，都已经收到了小型学院的全职教授的邀请函，其中有些人还被邀请去担任小型学院的校长。

再者，人们认为小型学院的学生有更多的机会去培养责任感。学生人数少，每一个学生无疑能更为突出，得到更多的认可，同时，他在学院生活的各种活动中也有更重要的地位。但是，人们应该记住，比起人数比例的增长，追求卓越的动机和展现学生抱负的活动数量的增长更快；并且这些机会的特质更为高级，比起同一水平下的学生所处的这种或那种环境，这类机会也更为多样。

但是，我已经有点儿让自己跑题了。我想说的观点是：人们都如此坚定地持有小型学院具有更大优势的观念，虽然这种观念的根基在很大程度上来自幻想或情感，这种观念将成为一个强有力的因素，帮助维持与促进小型学院的利益，而非大型院校的利益。

在过去，有助于小型学院的第二个因素，同时也是在未来能继续发挥强有力支持的因素，就是一种敬畏的，近乎害怕的情感，有时候是嫉妒且有敌意的情感。许多人在面对一所规模庞大且力量强大的院校时，心中会唤醒这种情感。在多数情况下，小型学院是可爱的，令人珍视的，只因为它既小又弱；而大型院校是令人憎恶的，遭人反对的，因为它是强大的。每一所院校在变得强大的时候，都会经历这样一段历史。在西部各州，几乎每一所州立大学都有这样的历史。这好比某一个州的小城镇对特定地区的大城市怀揣的情感。

人性的这一特质也许是合乎情理的。看，我并不称之为“弱点”。当一个人、一个共同体或一个民族，对那些弱小的对象表现出同理心和同情心，并发现这种弱点本身强大到可以当作求助理由的时候，这就成了一种力量的标志。小型学院，因为它的弱小将永远拥有同伴。从这一点得出的推论也是真的：大型院校，因为它的力量将迎来敌人。还可能发生的是：反对，而非同情和帮助，会导致那些强大的事物变得更加强大；同样地，那些弱小的会一直孱弱，而不是变得强大。因此，这种对大型院校的敌意情感——这是一种完全自然且普遍的情感——能保障小型学院一直弱小地存在，避免成为大型院校。

另一种因素与这种情感因素紧密相连，那就是始终站在小型学院一边的强大的支持者方阵。我指的是学院的教职工和校友。

书中所记录的天使般值得信赖的教师，为了创建我们弱小的、在存亡中挣扎的学院而抛洒鲜血，和那些战场上的英勇行为或自我牺牲行为一样伟大。抛洒出去的自由、高贵的血液，永远不会白费。他为了付诸努力的事业向天呼喊，他的呼喊会被听见，也会获得回应，新的盟友也将出现。一位校友对他母校的爱是带着神圣又充满了怜爱的。难道孩子会因为亲生母亲的贫穷、孱弱甚至患病、畸形而看不起她吗？如果在人类变迁的潮涌之中，母校偶然变得低等了，或者尽管经过了漫长而令人疲惫的奋斗，母校仍未能生长出完满的力量，那么一个真正的毕业生，无论是现在还是将来，都必然会更全身心地爱着这位精神上的母亲。当今，有大量的学院存在，即使要花费相当的代价，因为一些教师和一些校友的奉献精神，也会让这些学院一直存活下去。金钱是买不来这种奉献精神的。它是一种比物质更珍贵的礼物，甚至，它是所珍视的学院生命的本质。作为学院生命的本质，它也保护了学院的生命。

保存和建设小型学院的另一个因素（这种因素的效力将会不断增强）是，成功累积了巨大财富的人想让财富发挥创造力和益处的欲望。不断积累财富的能力是一种建设能力，一种创造能力。那些有这种能力的人，如果有一种乐善好施的性情，很有可能将这种慈善之心投入同样建设型和创造型的劳动之中，例如，学院的发展工作之中。

这几乎可以说是慈善的法则，是在与慈善家的视野共同延伸的范围内践行的。大多数在生活中取得一定成就的人，只在某个区域内有一定的知名度。有时候，一个足够强大的人可以让他的名声扩展到他的工作地域之外，这种状况属于例外。那么，那些心灵和思想强大到足以影响全世界并广施恩泽的人，也属于例外。大部分拥有自由思想的人，都将他们的慈善之心限定在他们日常能够密切接触到的事业之中。在这个国家的每一个地方，在每个州的几乎每一个郡，都有人倾向于在他们累积财富的乡土上用他们的资源改善地方。想吸引这些人在遥远的他乡做慈善是不可能的。如果和他们进行恰当的接洽，他们会愿意在家乡做慈善事业。即使他们对教育事业有兴趣，即使是邻近的院校，他们也不会对大型院校的慈善事业感兴趣。他们无法相信，那些大型院校，已经获得数百万美元的捐赠资金，居然还需要额外的捐赠。无论如何他们也不会相信，他们若为这些拥有巨大捐赠财富的大型院校捐出一小笔金钱，会受到感激。这样一来，就为小型院校的慈善事业提供了条件。在今天，持有这种观念的人是非常多的。随着国家财富的增长，这类人的数量也在不断增加。小型学院为这些人提供了机会，使得他们能在其交际圈内为高等教育事业做一些努力。由于高等教育是一种建构性的、创造性的工作，因此对于许多人来说，它具有一种特定的吸引力。正是这种情况，保障了未来全国各地小型学院的发展。

能确保小型学院未来发展的另一个条件是下述事实，即无论人们如何评价小型学院和大型学院对于一般年轻人的相对优势，都不能否认，小型学院尤其适应许多个体的需求。我的意思不是说那些个体低于平均水平，因为他们中的许多人远高于平均水平。我所想的是，具有某种特殊气质的青年男女，以及那些处于特定生活方式之中的人，忽然转变到更具自由氛围的大型院校去，这种转变会显得过于突然。只要在某些地方，出于这样或那样的原因，不允许学生进行独立思考或者学生还没有养成这种习惯，那么，那些注定具有更多可能性的人，就需要在受限和自由之间找到一个过渡的地方。忽然从某一种氛围转换至另一种氛围之中去生活和学习，会严重阻碍学生正常的成长。小型院校为这样一种转换提供了场所，让那些一直受到限制的学生将来有机会享受大学更广阔、更高的特权。我所说的狭隘，可能是由一种不完善的宗教系统所导致的，或者是因为低年级范围内的教育活动缺乏适宜的设施，又或者正如在我们国家的某些地区，是由于地理上脱离了那些具有影响力的大中心地带或大的旅行路线。但是无论如何，小型院校尤其适应那些要转换生活氛围的人的特定需求。这种特定需求是如此强烈和普遍，因而能够保障小型院校在未来得以继续存在。

有可能，我将要提到的学生的经济问题，比我们预想的更普遍地控制着高等教育的可能性。想要接受大学教育的很多青年会发现，在确保拥有足够的资源以接受教育方面，多多少少存在一些困难。这是一个每年的花费高达好几百美元的问题。大型院校的花费，比小型学院显然要多出许多。的确，所有规模比较大的大学都会为许多学生提供资助。一般而言，任何有资格的学生都能获得足够的资助来助其完成学业，但是，许多学生不愿意接受这样一种帮助；许多学生既没有勇气，也没有智慧获得这种资助。如果所有希望接受教育的人都申请就读大型院校，那么这些大型院校的资金显然是远远不够的。只有当遍布全国各地的小型学院能够为那些具备中等财力的青年提供教育，大型院校才能够较为如意地满足其所面对的资助需求。只有少数人能够凑齐每年五六百美元的大学学费，在大多数大型院校里，考虑到对学生的多种多样的要求，这个数目是相当少的。必须有这样一种机构，使得那些每年只能提供两三百美元的青年，能够在追逐高等教育的路上获得帮助和引导。那些大型院校，常常位于房租和食物价格比较昂贵的地方，而且人们不得不按照某种方式生活，而这种生活方式在其他地方是不必要的。这些因素使得那些年收入在1500美元及以下的家庭的子女无法就读大型院校。如果做一份估算，大部分的家庭都能在列表中找到自己的分类。只要存在收入较少的家庭并且这一家庭的子女想接受高等教育，那就必然要存在那种能够以最少花费接受教育的学院。因此，必然会有小型学院的存在。

这里还有一点需要考虑，即所谓高等教育的地理规律。根据这种规律，大约90%的接受学院教育的人，会选择一所距离家庭一百英里以内的院校，或者从另一个角度来说，即使是最大型院校的赞助人，很大程度上也都来自距离它一百英里以内的居住者。这一事实立刻解释了为何我们的土地上散布着大量的学院，也使我们相信，学院的数量会以某种形式在很大程度上保持不变。

其次，教育传统是尤其保守的。美国的这种支持小型学院的传统，是在两个半世纪以前建立的，一直延续到本世纪的最后二十五年，几乎没有变过。仅仅是在最近二十或二十五年，美国的土地上才出现了大型院校和大学。这一传统根深蒂固。这一事实明确地指向了未来的政策；尽管最近在我们身边兴起了大学的理念，它在未来有着巨大而无限的可能，但在各地建立小型学院的政策十分坚定，不可能有大的改变。还有一个事实是与大学近来的发展同步出现的，即学院在财政资助和数量方面都获得了增长，这一事实足以证明以上论述。无论大型院校将变得多么有影响力，都没有理由相信大型院校会排挤掉小型学院。这两类院校能够并肩前行，相互之间也能发挥有益的影响力。这一两个半世纪以前建立的支持小型学院的政策，已经获得了人们全方位的接纳，若要忽然大幅改变这种政策，那真是不可想象。无论如何，政策的修订只会缓慢地发生，会允许小幅的调整以适应可能出现的新情况。

在对小型学院进行研究时，需要考虑的最重要的因素之一，就是与这些学院相关联的宗教的影响。在大多数情况下，美国的小型学院从建立之日起，就有一个明确且清晰的信仰目标。在一些情况下，这一目标是为了保护宗教信仰的某些特殊原则；在其他情况下，也可以是为了提供一种信仰氛围，这种氛围与学院赞助人的情感和观念是和谐一致的；还有其他的情况，是为了确保信仰系统的特殊影响力得到明确、切实的保障。在所有的这些情况下，信仰动机无疑都是存在的。这些学院中有许多是由特定的教派支持的，而且几乎每个教派都认为有必要在本派所代表的地区赞助这些学院，这显示出了宗教精神的强大而广泛的影响。如果教派主义消失了，那么我们这些小型学院的最坚实的基础之一也将随之消失。

在美国，教派精神得到了发展和繁荣，并成为美国生活与欧洲生活相对照的显著特征，这些与教派精神不可分割的小型学院也得到了成长和发展，与欧洲的教育政策形成鲜明的对比。如果那些有深厚宗教信仰的人继续珍视这种信仰，并继续传播这种信仰，他们会发现，有必要教育那些能够传承这种传统的人。为了既经济又确定地完成这件事，必须有能够进行研究的高等院校，这所院校应希望保持和发展教派的精神。这一影响因素和前面提过的任何因素一样强大，甚至可能是全部因素中最强大的一种。但是，这一因素和全部其他因素都根植于另一种因素——这是我要陈述的最后的因素。

分布在各地的小型学院，是美国精神在高等教育领域的自然和必然的表现。如今的剑桥大学和牛津大学，是英国贵族的象征。柏林大学和莱比锡大学，还有德国的体操学院，代表了德意志帝国的精神。俄亥俄州、密苏里州、爱荷华州和南卡罗来纳州，以及我们壮丽的联邦的每一个州的小型学院，都表达了民主精神，这是真正的美国精神。现在还保存着的小型学院，是这种精神发挥作用的合理结果。它和美国人一样真实，和我们国家的任何其他类型的院校一样真实。是美国精神创造了这些小型学院。美国精神是小型学院得以持续存在的最高和最有力的保障，这一基本事实和这种精神是前面提到的其他支撑因素的根本所在。

（二）

小型学院的发展遭遇过各类事物的阻碍。在这个问题上首先须注意高中的发展。现代高中有二十五年的发展史，它有时候被称为“人民的学院”。我们学院过去承担的许多事务，现在已经成了高中的职能。如今，许多高中的课程学习在深度和广度上超过了三四十年前的许多优秀学院。与之相似的是，比起现在许多小型学院的课程学习，高中的课程学习更强大也更有效果。没有证据表明，公众对高中的态度会发生改变。如果公众没有别的理由来支持高中的发展，那么低层级的学校没有这种师资水平的现实，足以让公众有理由支持高中。虽然许多为高中提供赞助的人都是新手，但是其中有相当一部分是离开了预备学校和学院的赞助队伍之后转入高中赞助团队的。在许多地方，高中的教学质量达到了很高的程度，以至于那些资金充足的家长宁愿选择公立高中，也不选择预备学校或学院进行资助。许多人愿意惠顾高中，极大的原因是没有学费。现在，高中的入学门槛和课程内容在稳步提高和增加，但因为许多高中学校都为新生做了令人满意的安排，因此高中的这种增长态势还未到头。这种状况严重地威胁了小型学院。高中的科研设备常常比授予学士学位的学院的设备更为精良，这一现实导致学院的科研工作在与高中相比时受到指责。西部和南部学院的预备学校已经不那么拥挤了，因为学生能在高中获取其所渴望的教育。这种态势的影响是十分强烈的。小型学院的教职工对这些现象，至少对这种干扰学院发展的因素的快速增长，怀有深深的忧虑。

小型学院发展遭遇的另一重阻碍来自专业化倾向。早年间，学院的入学要求相对更低，学生的上学年限是四年，课业目标是掌握一般的文化。后来，入学要求不断提高，以至于其本身相当于二三十年前的学院课程。不仅如此，由于学生无法在19或20岁之前进入学院读书，让学生在学院待上四年来完成一般的课业，也就成了一件不可能也不合理的事。在学院大三年级，那种专业化的趋向就出现了。这是选修特权的自然结果，也是学院教学开设大量课程的必然结果。小型学院无法提供实现专业化的机会，就许多学生而言，学院把不必要的时间花在了与学生未来学习没有特别关系的课程上。当学生开始接触自己的专业研究时，所接受的课业安排的缺陷就显而易见了。许多专业学习的基本要求是，应在身体和思想尚处于灵活阶段时就进入专业学习。尤其在自然科学学习方面，小型学院是无法满足这种要求的。

因此，即使整个专业化趋势是发生在合理的边界内，小型学院也很难在这场运动中找到立足之地。这是因为，如果只有极少数学生对专门的学习科目感兴趣，学院不可能采取显然不公的做法去为少数人提供关于这门科目的教学。如果一所学院的入学人数低于150人，那么学院不可能在课程科目基数庞大的基础上为优秀学生开展超过必要水平的高层次教学。然而，在美国480所学院和大学中，约有160所或三分之一的院校都属于这一类，也就是说，有160所学院的入学人数低于150人。

如前所述，到目前为止，我们许多小型学院的根源在于宗教精神。即使在今天，其中许多院校的精神不仅是宗教的，不仅是基督教的，而且是教派的精神。即使在新英格兰地区，人们也经常听到教派领袖们的呼声，他们要求必须支持教派院校，院校的礼堂里必须满是来自该教派家庭的学生，院校必须传播教派思想，否则就会使院校的创建者和院校所代表的教派蒙羞。但是，从整体上来说，这种教派思想正在消失。除了某些特定的派系，一种更为宽泛的精神盛行开来了，教育中的教派主义注定会在接下来的大约半个世纪里消亡。在这场反对教派主义的斗争中，各地的院校都起了领导的作用。只要研究一下过去四分之一个世纪的教育机构史，就能看到一所又一所院校是如何悄悄地从教会的控制下消失的，也能看到一所又一所院校是如何逐步地、坚决地摆脱教派精神的束缚的。现在，如果这些学院能用自己的力量承受住这场斗争，那么在斗争结束后，它们将会变得更强大、更优秀。但是，许多院校与其建校时所要传播的教派的教义关系非常密切，以至于随着教派精神的逐渐消失，它们已不再有良好的基础来支撑自己的存续。我们看着这些院校逐步失去据地，地位比以前更低；在某些情况下，甚至完全消失。由于教派之间的竞争，许多院校挤在一片无法承受如此多院校的土地上，这是极为真实的情况。在这种情况下，院校消亡可能是一种福音——不仅对于那些消亡的院校来说是福音，对于它们所处的世界来说也是好事。

随着狭隘的宗教精神逐渐衰落——它常常与教派精神相混淆，但实际上是完全不同的——一些支持小型学院建设的力量和力量的源泉将会消失，这将更加严重地威胁这类院校的生存。

职业学校的入学要求较低，因此吸引了许多原本可能去学院读书的学生。低水平的医学校和法学院不断扩招，这是教育工作的最大弊病之一。在我们国家的许多地方，这一弊病似乎正在加深，我们的立法者出于政治理由正在鼓励这种现象。

许多院校采取了一种完全不同质的政策，即允许学院高年级学生用职业学校的第一年课程替代学院的常规课业。之所以采取这种妥协的做法，是因为人们感到学生必须在比以往惯例更早的年龄进入职业学校学习。这种妥协对小型学院来说是一种打击，因为小型学院与职业学校之间没有关联，也就无法保证这种妥协政策的实施。学院训练和职业学校训练的关系尚未明确，但已有事实证明，职业学习的整体发展趋势和小型学院的学习趋势是对立的。人们已经开始认识到，在职业训练包含的全部预备课程中，以及实际包含职业训练的许多技术课程中，都存在着与学生可能献身的任何学科一样强大、有力和令人振奋的文化。此外对学生来说，比起那些他并不欣赏其意义的科目，他对那些与其职业生涯直接相关的课业，显然有更强的学习动机和更大的兴趣。把学院教育和职业训练联系起来，是许多人正在思考的解决办法之一，在之后的若干年里，对这一问题的研究可能会大有裨益。但是现在任何地方的职业学校，都在掠夺原属于小型学院的职权。

与职业学校发展问题紧密相关的，是大学思想的发展。如前文所述，在二十五年以前，这种思想几乎是不存在的。但是现在，这种精神已经扎根，伟大的事情将被期待，在接下来的二十五年里，许多有学术影响力的中心将向前迈出重要的步伐。在相当大范围内，大学的支持者将成为新的支持者。但是，这个群体在很大程度上是直接从小型学院中产生的。在过去十年中，大型院校入读人数的显著增加表明了未来的趋势。今天，这种同样的精神将人们吸引到了城市，人们认为城市是有优势的，城市能保障特殊的权益。同样也是这种精神的吸引，人们因为大型院校有更大的图书馆、更优良的实验设备、与现代文明和生活能发生更紧密的接触而来到大型院校。在这种趋势下，小型学院必然要开始与之较量。但是，无论付出多少努力，最终大型院校将胜出，小型学院将备受苦楚。

小型学院必然要对抗的更重要的一重困难——可能是最重要的困难，就是如何确保自己能支付得起薪水以聘请最有学识的教师来学院工作，以及当这些人已经安定下来参与工作，学院却没有能力留住他们时，该如何克服这些困难。学院可以采取下列两种政策之中的一种来应对。一种政策是，学院足够明智，即使意识到未来会不断出现教职空缺，只要还有年轻、强健且精力充沛的教师，学院就会心满意足并推行大量的变革。这种政策的缺点是学院精神缺乏连续性，但是，无论如何它都比另一种政策更为妥善。另一种政策是，学院聘请具备二流、三流甚至四流能力的教师，这样就不存在其他院校挖走本校教师的麻烦。再者，较大的院校不仅有能力去选择最有学识的教师并向他们支付令他们满意的薪水，还有能力去聘请年轻的教师，甚至是以低于小型学院的薪水去聘请，因为年轻教师们在大型院校中能看到更多未来的机会。小型学院面临着这种重大困难，并且困难程度逐年递增。

从一所院校转学到另一所院校的风尚，正在蔓延开来。在某种意义上，这是对德国习俗的模仿。如果仔细思考一下就会发现，这种风尚的好处是不可否认的。成百上千的学生，或者成千上万的学生，因为这样或者那样的理由，在一所院校中度过了部分学院生活，又在另一所院校中度过了部分学院生活，最终发现这种转学经历对他们是有好处的。对上千份这种案例的研究发现，十个案例中有九个案例是从小型学院转到大型院校的。有的学生渴望去更大的世界看看，有的学生受到伟大的教师或研究者的声誉的吸引，有的则是因为生计所迫或者因为搬家的原因，所以转到了大学，结束了在小型学院的学习。但是，从大型院校转学到小型学院的案例是相对少见的。这标志着，也确凿地指出了一种趋势，这种趋势的发展将使许多小型学院处于更窘迫的境地。

对于南部，尤其是西部各州的许多小型学院来说，最大的困难来源于州立大学。这些州立大学逐步站稳了脚跟并发挥出影响力，直到小型学院几乎再无立足之地。这种对抗是如此强烈，以至于在不止一个州，小型学院已经联合起来对抗州立大学的迅速侵占。在整片密西西比河流域，仅有两三所非州立院校没有因为州立大学的存在而提心吊胆。这一现象背后的原因是显而易见的。州立大学在政治上有着天然的影响力；它们的众多校友担任中学校长、教师等主要职务；它们不收学费，因为这是各州规定的，教学也是免费的；它们几乎每个专业都配备优良的研究设备；它们拥有设备齐全的实验室和比任何普通学院都要完善得多的图书馆。州立大学对学生的吸引力，将是小型学院无论如何都无法复制的。

现在，有许多人对州立大学发出了强烈抗议，理由是它有反基督教的倾向，以及它的学生受到许多邪恶的强大的影响。但是，对于这些院校的一项细致的调研显示，这些责难没有事实依据。即使不是全部，也有许多州立大学在培养深厚的宗教精神，并且其基督教活动和对《圣经》研究的兴趣远远超过一些教派控制下的小型学院。越来越多的人开始认可州立大学的这种教育现状，随着这一认可度的上升，小型学院的支持者也大幅缩减。我曾在一个星期内收到来自一个州三所学院的校长的求助信，请求我帮助他们获得芝加哥市或它附近的一所高中的校长职位。之所以会有这样的请求，其原因在于，当对手的影响力是如此强大且无孔不入，学院就几乎不可能再继续维持下去了。在某些州，州立大学的影响力是如此强大，使得小型学院无法大量存在。关于这一点，我并不是说现实状况在整体上对教育事业是有利的或是不利的。我引用这个案例仅仅是为了说明，当位于小型学院附近的州立大学发展得越来越强大且有影响力时，小型学院在未来可能会面临何种状况。

但是，毕竟，小型学院最大的困难是缺乏足够的资金来运作现代教育方式，包括图书馆和实验室教育方式。令人震惊的是，那些冠以学院之名且所受捐赠少于10万美元的院校数目相当庞大，并且，如今收到10万美元以上捐赠的院校数目大约只占4%或5%。在这种状况下，还有多少机会留给更高层级的教学？你们应该记得，前面说过，只有三分之二的大学和学院的招生人数超过了150名。这全部的收入几乎不足以支付三四位教师的薪水。除此之外，学校还要支付行政、煤电、通信和工作记录等各种各样的费用。这怎么可能呢？现如今，一所拥有250名学生且设备齐全的学院，每年需要不少于4万美元的资金，才能够运作起来。在我们的一些城市里，高中学生的平均教学成本超过了我们许多学院的平均教学成本。而现代方法的需求使资金方面的困难增加了3倍。只要将课程主要限制在拉丁文、希腊语和数学科目上，就不用在设备上花费太多，但是随着历史学、政治经济学和政治科学科目的引入，对书籍和期刊的需求十分庞大。随着各类自然科学实验科目的引入，实验室和仪器方面的需求也是巨大的。没有资金，就无法满足这些需求；满足不了这些现代需求，全国各地的学院就无法培养出那种坚信自己所受的教育与现代思想一致的学生。一所院校，既包括教职工，也包括建筑，还包括仪器设备，这些只能通过以自由为特征的资源来获得和维持。

以上这些，就是负责小型学院的生存和发展的人所要面对的困难。

（三）

现在我们可以考虑的是，期待和渴望小型学院做出什么样的改变。首先要再次强调一些论点。院校的生命和个人的生命是相似的，并且，在院校的发展之中，我们可以很坚定地相信，适者生存。许多院校所经受的那些严厉的考验，使得这些生命变得更为纯粹和坚强。一所学校经受住了早年的考验和磨砺而生存下来，通过这种生存，不仅向它的支持者，也向整个世界证明了它的存在是值得的；而由于它所经历的磨难，它以后将会生活得更加坚强和积极。因此，一所院校承受挫折的目的，和个人遭受痛苦的目的，很大程度上是相同的。当然，有时也存在波动，注定会存在下去且发挥强大影响力的学院，在某些时候也会变得不似其他时候那么强大。它的委托人不是那么多，也不是那么热忱，它的水平也没有如此理想，它的生命并不是那么富有活力；但是，无论何时，只要决心追求满足精神生活的需要和谋取现实生活的益处，一所院校将会逐渐成长而变得强大，即使在面对最大的困难时，也将所向披靡。

如前所述，小型学院是美国精神的一种表达。除非美国精神在根本上改变了，否则没有理由相信，在适当的条件下，小型学院将不再拥有任何职能或使命。无论大学精神发展成何种模样，无论职业教育事业将变得多么强大，其他类型院校的需求将会一直存在且获得成长。并且，只要能够保证提供适当的设施，这样一些学院的价值和地位就会提高，这样一种事业发挥出优势也是不成问题的。

但是，在生存斗争之中，一些已经发展起来的学院和那些即将运作起来的学院，今后只能把学院教育限制在人们熟知的一般的学园教育或预备教育上。如果仔细观察国内已经获得办学资格的学院就会发现，可能至少有20%或25%的学院所做的教育工作没有丝毫偏离学园教育。这意味着这些机构挪用了“学院”这个名号当作头衔。当然，如果一所教育机构的藏书不到1000本，所拥有的科学仪器和设备的成本不到1000美元，单个教学建筑的成本低于4万美元，其收入低于6000～8000美元，可以说，它们都是以一种不恰当的身份在开办学院教育。在四十年前，如果这样一所学院在其为数不多的师资中有那么几位有实力者，那么它还是能够证明自己的价值的。但是，如今的情况发生了变化，如若不是学校圈子的人，其他人远远没有认可这类学院的真正价值。在教育的发展过程中，这些学院和那些在历史长河中日益繁盛的院校将在世界上占据一个更加真实的地位，没有什么事情比这种趋势更有利于教育事业的发展。我们既需要强大的学院，也需要州立高中，就好比由私人建立的强大的学院和大学，也需要和州立大学一起携手并进，共同努力。

因此，在当今的小型学院之中，有25%的院校会存活下来，它们将会因为其所经历的斗争而变得更加坚强。另外25%

的院校将会不可避免地退让，并陆续在教育工作系统中另谋席位，虽然在某种意义上说，它们处于低下的地位，但就真正的意义而言，它们将处于更高的地位。的确，比起在高级领域中将这种办学工作做得不尽如人意，还不如在一处较为低等的领域中从事勤恳且全面的工作。

我将要谈到小型学院之中的另一个群体，你们知道我要谈的是初级学院。因为没有更好的术语来形容，所以我使用“初级”这个名称来概括大一和大二学生的教育工作。人们常常将这类工作与预备教育阶段或学园的教育工作紧密地联系起来。我倾向于认为，这六年是介于基础教育和大学教育之间的一段时期。大一和大二阶段是学园或高中阶段的一种延续。这种延续，不仅仅是所学课程的延续，也是所使用方法的延续。直到大二年级结束，大学的教育方法才可能开始改变。一般学生直到大二年级结束，才能达到摆脱学园学习方式去开展令人满意的学习的年龄。如今，这种覆盖六年的连续预备期在第四年末尾就被破坏了，学生们发现自己处于摇摆不定的状态之中。他发现，他还没能结束预备科目的学习。他被迫在新的陌生环境下，跟随新的陌生的导师，继续开展同样的学习。他还常常发现，自己在学院大一年级所跟随的导师，比他在学园阶段跟随的导师水平更低。学生学习过程中的这种反常的中断，浪费了大量的时间、精力和兴趣。大自然已经指出教育工作是要分阶段的，如果违反这种自然规律，必然会造成损伤。我坚信，假以时日，人们终会认识到这一困难，并且大多数如今在试图完成四年预备课程和四年学院工作的学院，会心满意足地将自己的工作限制在包括预备训练和学院生活头两年在内的六年教育职责之中。人们将会发现，这种改变的动机来自经济学的考虑，也来自对教育工作达到全面和令人满意的水平的期待，而在眼下，学院根本不可能实现令人满意且全面彻底的教育。在美国，至少有200所学院希望进行教育变革。这些学院各自拥有一所预备学校，也开设了整套的学院课程。预备学校的学生数目可能是150人，大一、大二班级的学生有30～40人。这些院校的年收入在较大程度上仅来自学生学费。让我们来看看，加上它们的全部资源，这些学院平均每年的收入是8000～10000美元。为了保持学院的头衔，这些年收入必须覆盖八个年段的成本——也就是说，要覆盖预备教育部门和学院教育部门。学院大三和大四年级的工作，即使是表面上的工作，因为班级人数太少，这两年的教学花费与其他五六年的低年级教育花费近乎持平。然而，即使有这种不成比例的支出，学院也仅仅是以一种十分肤浅的方式完成了大三、大四年级的工作，因为学院的图书馆和实验室设施极为匮乏，教学范围也十分狭窄，所以一位教师常常要承担三门或四门课程的教学。

但是上述事实还不是最有待思虑的。有时候，前面六年的学生支付了学习费用，学校却将这些费用花费在少数学生的最后两年的学习上，只是为了维持学校的学院头衔。如此一来，就没有足够的收入来维持学院的低年级教学。这种做法是以牺牲低年级教育来发展高年级教育。这种例子并不限于西部和南部各州之中。在纽约州，也不止一所院校是这样做的。在宾夕法尼亚州、俄亥俄州、印第安纳州、伊利诺伊州和密歇根州，采取这种方式的院校比比皆是。

将上述那种学校的教育层级降到下面这种层次的学院水平上，它应该只提供预备教育和大一、大二年级的教育，如此将会获得以下几个结果：

1. 现在浪费在名义上的高等教育教学上的金钱，将会更彻底地投入低年级教育工作中去。

2. 初级院校不再假装自己提供的是学院教育，而成为一所诚实的教育机构。

3. 那些的确不适合从事高等研究的学生，在大二年级结束后将自然地结束这一阶段的学习。

4. 许多可能没有勇气进入四年制课程学习的学生，在进入商业学校或职业学校之前，将会愿意在这种层级的学院展开两年的学习。

5. 将促进那些有能力从事高等研究的学生离开小型学院去上大学。在任何情况下，这种改变都是最有利的。

6. 居住在学院附近的学生，若有志来学院上学，可以在家里等至长到更为成熟的年龄——在学院生活的吸引下，学生们的这种志向将达至最高峰。

用包括学园或高中课程的六年制院校，替代当前的这种不包括预备教育的四年制院校，将能够连根拔除我们当前教育中的最大弊端。

这样发展下去将会出现另外一种变化，即高中转变为初级学院。显然，这种变化几乎在各个方面都已经发生。各州的数百所高中是我们教育体制中的一个新因素，它打乱了旧的体制，但同时也极大地促进了教育本身的利益。这些机构的影响力之所以不断增加，不仅是因为承担学院和大学教育工作的机构数目不断增加，也不仅是因为越来越多的聪慧之士为各种院校贡献了才智，还在于这些低年段学校的教师都比以前强得多，为他们的工作做了更好的准备。

经常有人猜测，公众以后不会再资助高中，但实际上，人们仍旧支持它们，不仅如此，这些学校也在不断提高它们的入学要求，并增添教学设施、延长课程年限。如今，人们普遍承认，理想的高中必须开设四年制课程，这一点在我国的许多地方已经获得保障。在其他地区，这种制度正在逐步实施。这一状况发展的下一步就是将目前的高中课程延长一至两年，或者换句话说，高中将被提升至大二年级水平上来。密歇根市和其他城市的一些高中已经完成了这种提升。它可以用最小的成本来实现。如今，只有10%的学校在完成高中教育任务之后继续开展学院水平的教育。如果这些高中打算额外提供两年教学，那么至少有40%的学校在完成了头四年的工作之后将继续提供直至大二年级水平的教学。

只要这些高中进行改变，并且我们的学院也按照上述建议进行改变，那么我们将会有一个集州立或非州立院校于一体的学院系统，这个系统将满足我们当前无法满足的现实需求。西部各州的许多师范学校实际上就占据了这个位置。

再强调一遍，美国所有的小型学院实际上都是一个类型的。如果从整体上观察，会发现每一所学院都是它最近的学校的复制版。如果有人对这些院校的教育目标和动机展开一点调研，就会发现一种极致的单调。所有相似的院校都在试图实施过于宽泛的教育工作，更糟的是，它们实际上开展教育工作的领域是相似的。这方面的改变是可取的，也是必然的。这种变化将部分地体现在为特定目的而建立学院的方式上。例如，主要为了自然科学研究而设立一所学院，为了文学研究而设立另一所学院，为了开设历史课程而开设学院。个人主义原则已经应用于学生学习和教师教学之中，它也必须应用到学院创建中去。人们普遍认为，每一所新近创建的学院都应该复制以前学院的工作，因此，除了少数知名院校外，我们国家的学院都是单一的面孔。这意味着狭隘而不是丰富。由于每一所院校都尝试开展同样的教育工作且囊括所有的工作领域，结果，没有任何学院付出努力去建设一所在某一方面有深度的院校。这种类型的学院要么没有捐赠收入，要么拥有不到10万美元的捐赠收入，却想开展拥有数百万美元捐赠收入的院校所做的教育工作，它们将发现自己的抱负难以实现。没有捐赠收入或拥有不到10万美元捐赠收入的技术学校，一直试图覆盖技术研究的各个领域。等到个人主义在学院中成长起来的时候，这样一个时代就会到来：那时候，这所学院的大部分力量和精力都将投入历史与政治学系的发展之中；那所院校将聚焦于物理与化学系的发展；还有的院校主攻生物科学；其他院校有可能将全部的努力付诸电力学领域……这种状况与当前的状况将形成鲜明的对比。在当前情况下，那些设施简陋的学院开设了关于人类所有知识分支的课程，学生也为了自己的学业不得不学习全部的课程科目，而不能仅学习小范围内的课业。

对于上述问题，我们可以参照一些著名的事例来思考自己应该做点什么。诸如，拉法耶特学院的已故教授马奇（March）在语言学与盎格鲁–撒克逊语方面、哈佛福德学院的J. 伦德尔·哈里斯（J. Rendel Harris）教授在《新约》古希腊语方面所做的出色工作。这些院校没有足够的资源来平均发展所有的院系，于是决定选择某个领域来投入最多的精力，于是，这个系所做的教育工作为整个学院的工作增添了色彩。这些院校虽身为学院，但其所做的工作甚至让一所大学都感到佩服。

要进步的另一个方向就是要发展出一种合作精神。直至近年，学院和大学之间才出现了值得一提的合作，但到目前为止，所开创的合作形式仍流于肤浅。我们已经对合作做出了足够多的考量，但是，为了让那些尝试过合作的人依旧渴望更多的合作，这些已经实施的步骤只是一个开端，接下来还有许多路要走。

每年，特定院校的代表有一次机会聚在一起阅读文件和表决决议，这些应有的联系是不够的。如果教育工作能出现更有效的分工，入学和毕业标准能变得更为一致，院校类型能变得多样化，那么，各院校才会拥有各自的职责，才能建立一种迄今为止没有出现过的合作基础。这种联结与商业内部领域之间的联结一样，既是必要的又是有益的。这种联结关系可以为那些站在一个阵营内的成员提供一种保护，以抵制误解和无知。这种联结关系将会为教育事业的后果提供保障，这是任何一所院校靠自身力量都无法提供的保障。它会促进教育事业，超越嫉妒与竞争，在今天，嫉妒和竞争带来的是责备和耻辱。它将减轻竞争的罪恶，并用福报代替这些罪恶，迎来的将是荣誉和理性的竞争。

某一地区学院之间的这种联结关系，将促使小型学院的教育工作更有价值，并使其在州管辖下的院校旁获得适当的地位。实际上，这种联结关系是高等院校之间的一种结盟。通过结盟，每一所利益相关的学院都能够增加自身教育上的便利。毫无疑问，这就是为什么某个领域的伟大专家不能只服务于两所或三所院校。这有利于学院所代表的优势学科，有利于与之相关的学院，也有利于高等教育事业。简而言之，这样一种联结能够为小型学院开启一种新的可能，使其获得在今天远无法企及的特权。

当前还有一种现象，即小型学院和大型院校或大学之间开始出现越来越紧密的联系。我们会发现，无论是小型学院还是大学，都能在这种联系中获得巨大的益处。因为，毕竟机构和个体一样，都是沿着阻力最小的路径前进的。

我无法详细叙述这些优势，但是，它们包括以下几点：

1. 教师和讲师混合在一起，学院里的人也在大学里工作，大学里的人也在学院中工作，这可以说是血液的互换。

2. 大学聘任带来的认可度直接或间接地给予了学院教师以荣誉。

3. 为年轻的学院教师提供了在大学进行专门调研的机会。

4. 大学可以为学院提供学校运行的多方面的专业帮助。

5. 由于获得大学的再次认可，学院的学位将获得声誉上的保障。

6. 大学将为学院提供书籍和设施的租借服务。

7. 大学所设立的奖学金和助学金将对学院的学生开放。

8. 在教师选择方面提供帮助。

9. 由于可能获得更多捐赠而建立财务上的自信。

10. 总的来说，较强的院校对较弱的院校在其发展壮大过程中能给予很多帮助。

综上，它们指向了我们高等教育事业中的一个系统的发展。将某些学院改造成初级学院，将另一些学院改造成学园，让某个教派或某个地区的学院之间相互联结，并使这些学院和大学之间相互结盟——所有这些方面，都有助于我们高等教育体系（美国并不存在这种事物）的形成。在教育活动的每一个领域，都能感受到美国教育缺少系统性。系统意味着组织，若没有组织，没有机构之间显著的区别和公认的组织标准，无论这种教育事业多么辉煌，它还是缺少基本的元素。这种基本元素能够赋予它最高级的特质，产生最佳的成果。

也许，缺少系统也存在一些好处；如果是这样，我们享受这些好处的时间已经够长了。现在是时候让某些事情向更准确、更有规则和更真实的方向发展了，我在前面所提出的关于中等教育和学院教育政策的修改建议，是有利于学院朝着这个方向发展的。

我将进行如下陈述来总结上述内容：

在美国未来的教育中，小型学院必然会留存下来。

但是，它必然会经历一场痛苦的、充满对抗的斗争。它也必须调整自身，来应对其他与之相似的、有时还更具实力的教育机构。

在斗争和调整的过程中，有些学院将会成长得更为强大，有些学院将转变为学园，有些则会变为初级学院。高中将获得发展，它将占据一个比如今所占据的地位更为重要的位置。此外，高中、学院和大学将共同发展出更为一致的标准和更多样化的类型，同时，它们之间将建立起更亲密、更互助的联结关系。总体的结果是，在美国这片不存在体系的地方，将生长出高等教育事业的体系。

将来，小型学院将会拥有光明的未来，一个比过去更为光明的未来，因为，在未来，学院将有更优良的仪器设施，发展出更有序的组织，实行更理想的改良。

图书在版编目（CIP）数据

美国高等教育的发展趋势 /（美）威廉·雷尼·哈珀著；高玲，曹春平译. -- 杭州：浙江教育出版社，2019.12
（新汉译世界高等教育名著丛书. 第一辑）
ISBN 978-7-5536-9882-3

Ⅰ. ①美… Ⅱ. ①威… ②高… ③曹… Ⅲ. ①高等教育－教育改革－研究－美国 Ⅳ. ①G649.712

中国版本图书馆CIP数据核字(2020)第000751号

责任编辑 李思然 石雨佳　　美术编辑 韩 波
责任校对 李 春 陈阿倩　　责任印务 陈 沁

新汉译世界高等教育名著丛书(第一辑)
XIN HANYI SHIJIE GAODENG JIAOYU MINGZHU CONGSHU
美国高等教育的发展趋势
MEIGUO GAODENG JIAOYU DE FAZHAN QUSHI
[美]威廉·雷尼·哈珀 著 高玲 曹春平 译 梁丽 校

出版发行 浙江教育出版社
(杭州市天目山路40号 电话:0571-85170300-80928)
图文制作 杭州兴邦电子印务有限公司
印　　刷 浙江新华数码印务有限公司
开　　本 710 mm × 1000 mm 1/16
印　　张 16.75
插　　页 2
字　　数 225 000
版　　次 2019年12月第1版
印　　次 2019年12月第1次印刷
标准书号 ISBN 978-7-5536-9882-3
定　　价 42.00元